小学数学教学设计理论与实践

邵瑞青 著

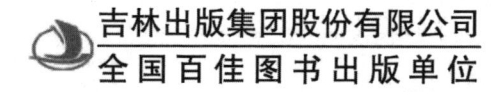

吉林出版集团股份有限公司
全国百佳图书出版单位

图书在版编目（CIP）数据

小学数学教学设计理论与实践 / 邵瑞青著. -- 长春：吉林出版集团股份有限公司，2022.9
ISBN 978-7-5731-2304-6

Ⅰ.①小… Ⅱ.①邵… Ⅲ.①小学数学课－教学设计－研究 Ⅳ.① G623.502

中国版本图书馆 CIP 数据核字（2022）第 173416 号

XIAOXUE SHUXUE JIAOXUE SHEJI LILUN YU SHIJIAN
小学数学教学设计理论与实践

著　　者	邵瑞青
责任编辑	杨　爽
封面设计	晟　熙

出　　版	吉林出版集团股份有限公司
发　　行	吉林出版集团社科图书有限公司
地　　址	吉林省长春市南关区福祉大路5788号　邮编：130118
印　　刷	唐山富达印务有限公司
电　　话	0431-81629711（总编办）
抖 音 号	吉林出版集团社科图书有限公司 37009026326

开　　本	787 mm×1092 mm　1 / 16
印　　张	9.25
字　　数	200 千
版　　次	2023 年 1 月第 1 版
印　　次	2023 年 1 月第 1 次印刷

书　　号	ISBN 978-7-5731-2304-6
定　　价	58.00 元

如有印装质量问题，请与市场营销中心联系调换。0431-81629729

前　言

　　教学设计又称为教学系统设计，是指主要依据教学理论、学习理论和传播理论，运用系统科学的方法，对教学目标、教学内容、教学媒体、教学策略、教学评价等教学要素和教学环节进行分析、计划并做出具体安排的过程。按照对教学设计的这个界定，教学设计的主要问题就有这样三个：要到哪里去？如何到那里去？是否到达了那里？分别对应"确定教学目标""实施教学目标"和"评估教学目标"的过程。这也就是说，教学目标、教学过程和教学评价应该保持一致，后两者均应围绕教学目标展开，三者如果不一致，则不能称之为有效的教学。教学设计是一个以目标为导向的过程，正是为了达成目标，思考、想象或者创造出一些新的东西。设计的过程就是学习的过程，在设计的过程中人们运用并且解决问题。解决问题就是达成目标。所以设计就是指向达成目标的方向规划出来的行动，设计的出发点是想要达到的目标，设计的结果也指向这个目标。设计是否成功应以设计实施的行动是否达成了想要达到的目标来判定。

　　教育实践活动是教师成长的根本动力。教育实践包含着教师的内在需求与条件、外部影响与条件，也包含着发展主体的能动认识与选择，教育实践是内、外因作用于教师发展的聚集点，也是推动教师成长的直接与现实的力量。教师的成长是一个复杂的过程，实践能力的养成又是这个复杂过程的难点。综观我国教师教育发展的历史，虽然不同时期都强调实践能力的重要性，但是做法与途径不尽相同。总的来说，我国当前对教师实践能力的培养不断具体化，通过课程体系的建构体现实践能力培养环节，而且通过"标准"的形式，进一步明确"教师实践能力"的具体要求。

　　基于此，本书从小学数学课程标准的基本知识入手，对教学细节设计、教学实践及教师能力培养等方面展开论述，在撰写上突出以下特点：第一，理论与实践结合紧密，结构严谨，条理清晰，重点突出，具有较强的系统性和指导性。第二，结构编排新颖，表现形式多样，便于读者理解掌握。

在本书的撰写过程中，参阅、借鉴和引用了国内外许多同行的观点和成果。各位同仁的研究奠定了本书的学术基础，为小学数学教学设计理论与实践的展开提供了理论基础，在此一并感谢。另外，受本人水平和时间所限，书中难免有疏漏和不当之处，敬请读者批评指正。

目 录

第一章　小学数学课程标准……………………………………………1
第一节　小学数学教学大纲与课程标准……………………………1
第二节　小学数学课程目标…………………………………………8
第三节　小学数学课程内容…………………………………………13

第二章　小学数学教学设计的基础理论………………………………22
第一节　小学数学教学设计的含义…………………………………22
第二节　小学数学教学设计的观念…………………………………24
第三节　小学数学教学设计的构想…………………………………29
第四节　小学数学教学过程中的设计………………………………31

第三章　小学数学教学的细节设计……………………………………34
第一节　小学数学教学活动设计……………………………………34
第二节　小学数学教学媒体的选择与设计…………………………41
第三节　小学数学教学形式的设计…………………………………51

第四章　小学数学教学的实践…………………………………………55
第一节　小学数学教学原则…………………………………………55
第二节　小学数学教学方法…………………………………………59
第三节　小学数学教学组织…………………………………………71
第四节　小学数学教学手段…………………………………………81

第五章　小学数学教育与小学生心理发展……………………………85

第一节　小学生心理特点与数学认知…………………………85

第二节　在数学教学中进行心理健康教育的方法………………87

第三节　数学学习中形成的心理障碍与突破方法………………94

第六章　小学数学教师的能力培养……………………………102

第一节　小学数学教师的基本素养………………………………102

第二节　小学数学教师的课前准备工作…………………………113

第三节　小学数学教育评价…………………………………122

参考文献……………………………………………………135

第一章 小学数学课程标准

第一节 小学数学教学大纲与课程标准

一、教学大纲概述

教学大纲是指学校每门学科的教学纲要。其中包括教学目的、教学要求、教学内容以及讲授和实习、实验、作业的时数分配等。根据教学计划,以纲要形式规定一门课程教学内容的文件。包括这门课程的教学目的、任务、教学内容的范围、深度和结构、教学进度以及教学法上的基本要求等。有的教学大纲还包括参考书目、教学仪器、直观教具等方面的提示。列入教学大纲的教材的广度和深度,一般应是学生必须达到的最低标准。教学大纲是编写教科书和教师进行教学的主要依据,也是检查和评定学生学业成绩和衡量教师教学质量的重要标准。教学大纲有以下四方面的指导作用:

第一,教学大纲是教学质量评估的依据。教学大纲是国家对某门学科的教学所提出的统一要求和具体规格的指令性文件。有了教学大纲,各类学校都可以有目标、有方向、有措施地组织教学,使之逐步达到国家的要求,以加强教学的计划性和有效性。各级教育行政部门也以此为依据进行教学评估,以稳步提高教学质量。

第二,教学大纲是教材编写的依据。教材是根据教学大纲编写的教学用书,是教学大纲的具体体现,是课程内容的载体,是教师和学生进行教和学的桥梁和中介。教学大纲规定了教学目的,知识范围、深度、广度以及课时安排,教学原则等。编写各种不同风格、不同特点的教材都必须遵循教学大纲。

第三,教学大纲是教师进行教学的依据。教学大纲对教学起着重要的制约作用,教师教什么、怎么教,学生学什么、怎么学,均以教学大纲为准绳。教师必须认真钻研教学大纲，掌握大纲的具体要求和教学要则，然后根据教材进行教学，这样才能使教学不偏离方向。

第四，教学大纲是考试命题的依据。学期和学年考试是用来考核学生已掌握的知识技能接近教学目标的程度。因此，必须以教学大纲中制定的目标为依据命题，才能考查学生学习的真实效果，并以此来激励学生的学习动机，调控教学程序，促进教学改革。

二、小学数学新课程标准

小学数学新课程标准是指教育部颁布的《全日制义务教育数学课程标准（2011年版）》（以下简称《数学课程标准》）。21世纪初，教育部成立义务教育阶段数学课程标准（实验稿）修订工作组，启动修改工作。修订工作组针对课程标准的框架、设计理念、课程目标、内容标准、实施建议等，进行了认真的讨论、研究与修改，《数学课程标准》于2011年正式颁布。

《数学课程标准》的修订以《国家中长期教育改革和发展规划纲要（2010—2020年）》为指导，遵循《基础教育课程改革纲要》确定的基础教育课程改革的基本理念，总结新一轮课程改革实施10年来的经验，使数学课程更加完善，适应社会发展与教育改革的需要。

《数学课程标准》基于国际数学教育发展的趋势和国内数学教育改革的优秀成果，提出了涉及数学课程价值、数学学习目标、数学学习过程、教师的教学以及评价等方面的许多新理念。《数学课程标准》的基本理念反映了数学课程要服务于中华民族的复兴和每一个学生的发展，着眼于培养学生终身学习的愿望和能力等时代的要求和课程改革的总趋势。概括起来，可以从以下五个方面理解《数学课程标准》的基本理念。

（一）关于数学课程

义务教育阶段的小学数学课程应体现基础性、普及性和发展性，使数学教育面向全体学生。课程内容和要求应该是基础性的，不能任意被扩大、拔高。课程应具有发展性，着眼于学生的终身学习，适应学生发展的不同需要。课程内容和课程结构的改革与实施密切联系学生的生活和经验，加强课程与社会发展的联系，为学生的终身发展提供必备的基础知识、基本技能和良好的情感态度与价值观，以创新精神和实践能力为核心，重视发展学生搜集处理信息的能力、自主获取新知识的能力、分析解决问题的能力、交流与合作的能力。

义务教育阶段的数学课程要面向全体学生，要适应学生个性发展的需要，使得人人都能获得良好的数学教育，不同的人在数学上得到不同的发展。

1. 人人都能获得良好的数学教育

学习数学，不仅是懂得了数学知识，还学会了数学思维，使学生在学习过程中得到磨炼。数学教育，一方面应该是与学生的现实生活和以往的知识体验有密切的关系，对他们有吸引力，能使他们产生学习兴趣；课程内容及教学要求是最基本的，适合学生在有限的学习时间里接触、了解和掌握。那些对学生来说有如"天外来客"般难以琢磨的内容，那些必须通过高强度训练才有可能被学生接受的内容，就没有人人都要学习的必要。另一方面应当满足学生面对社会生活的需要，能适应学生个性发展的要求，并有益于启迪思维、开发智力；能满足素质教育的要求，有助于学生健全人格的发展和积极向上价值观的形成，有助于学生自信心、责任感、合作意识、创新意识、求实态度和科学精神的培养。

2. 不同的人在数学上得到不同的发展

义务教育阶段小学数学课程要面对每一个有差异的学生，适应每一个学生不同发展的需要。因为每一个学生都有丰富的知识体验和生活积累，每一个学生都会有各自的思维方式和解决问题的策略，因此，数学课程涉及的领域应该是广泛的。这些领域里既有供学生思考、探究和具体动手操作的题材，也隐含着现代数学的一些原始生长点，让每一个学生都有机会接触、了解、钻研自己感兴趣的数学问题，最大限度地满足每一个学生的数学需要，最大限度地开启每一个学生的智慧潜能。"不同的人在数学上得到不同的发展"也是指面向全体学生的同时，为有特殊才能和爱好的学生提供更广阔的活动领域和更多的发展机会。在这个意义上，"英才教育"和"面向全体"并不矛盾。一方面，义务教育阶段的数学课程要面向全体，不能为少数精英而设；另一方面，人的发展不可能整齐划一，义务教育阶段的小学数学课程要为每一个学生提供不同的发展机会和可能。

（二）关于课程内容

数学是研究数量关系和空间形式的科学。数学与人类的活动息息相关，随着现代信息技术的飞速发展，数学更加广泛应用于社会和日常生活的各个方面。

今天，人们不仅仅把学习数学作为提高思维能力的有力手段，而且把它作为一种文化素养来看待。数学内容、思想、方法乃至数学语言、符号已广泛渗入自然科学和社会科学的各个领域，当代计算机的发展又给数学的应用提供了一种现实的可能。

数学是人类文化的重要组成部分，数学素养是现代社会每一个公民应该具备的基本素养。数学教育作为促进学生全面发展教育的重要组成部分，一方面要使学生掌握现代生活和学习中所需要的数学知识技能，另一方面要发挥数学在培养人的逻辑推理和创新思维方面的功能。

《数学课程标准》指出，课程内容既要反映社会的需要、数学学科的特征，也要符合学生的认知规律。它不仅包括数学的结论，也应包括数学结论的形成过程和数学思想方法。

1. 着眼于人类生活与数学之间的联系

数学结果的呈现形式往往是一些经过精心组织的、条理清晰的数学结构，它们看上去很完美，但割断了与现实生活之间的联系，差不多完全没有了产生与发展的痕迹。把这样的内容作为课程内容，学生的参与只能是被动的，他们很难找到发挥主动性和创造性的空间，对数学的兴趣和爱好也就成了空谈。《数学课程标准》要求数学课程的内容与学生现实生活紧密相连，充分体现数学发展进程中人类的活动轨迹，使得数学更加贴近学生熟悉的现实生活，不断沟通生活中的数学与教科书上数学的联系，使生活和数学融为一体，使得学生更加理解数学、热爱数学，让数学成为学生发展的重要动力源泉。

2. 着眼于数学与人的发展

课程内容的呈现应注意层次化和多样化，以满足学生的不同学习需求。每个学生都具有发现的潜能，数学课程推动这种潜能的开发，通过提供足够的资源、空间和时间，使学生有重复人类数学发现活动过程的机会。体验从现实生活开始，沿着从生活中的问题到数学问题、从具体数学问题到抽象数学概念、从了解特殊关系到发现一般规则的人类活动轨迹，使已经存在于学生头脑中的那些经验性的数学知识和数学思维方式上升发展为科学的结论，逐步通过自己的发现去学习数学、获取知识，实现数学的再发现和再创造。把数学课程内容作为一项人类活动来对待，能有力地促进学生形成具有一般性的洞察力，发展生存能力和学会创造；同时，学生的学习生涯也将因为数学而丰富多彩。

(三) 关于教学活动

《数学课程标准》指出，教学活动是师生积极参与、交往互动、共同发展的过程。有效的数学教学活动是学生学与教师教的统一，数学教学活动应激发学生兴趣，调动学生积极性，引发学生的数学思考，鼓励学生的创造性思维；要注重培养学生良好的数学学习习惯，使学生掌握恰当的数学学习方法。

1. 学生的学习

《数学课程标准》指出："要让学生亲身经历将实际问题抽象成数学模型并进行解释与应用的过程。"学生的数学学习内容应当是现实的、有意义的、富有挑战性的，这些内容要有利于学生主动地进行观察、实验、猜测、验证、推理与交流等数学活动。内容的呈现应采用不同的表达方式，以满足多样化的学习需求。有效的数学学习活动不能单纯地依赖模仿与记忆，认真听讲、积极思考、动手实践、自主探索与合作交流是学生学习数学的重要方式。由于学生所处的文化环境、家庭背景和自身思维方式的不同，学生的数学学习活动应当是一个生动活泼的、主动的和富有个性的过程。

数学课程的内容不仅要包括数学的一些现成结果，还要包括这些结果的形成过程。重视过程的数学课程，"数学知识"的总量肯定比以往要减少，而且探索的经历意味着学生要面临很多困惑、挫折，甚至失败。学生在这样一个充满探索的过程中，让已经存在于自己头脑中的不那么正规的数学知识和数学体验上升发展为科学的结论，从中感受数学发现的乐趣，增强学好数学的信心，形成应用意识、创新意识，使学生的理智和情感世界获得实质性的发展和提升。通过这样的过程，留给学生的可能是一些对他们终生有用的东西，是一种难以言说的丰厚回报。

数学的学习方式不再是单一的、枯燥的、以被动听讲和练习为主的方式，它是一个充满生命力的过程。学生有充分的时间和空间从事数学活动，在自主探索、亲身实践、合作交流的氛围中解除困惑，更清楚地明确自己的思想，并有机会与他人交流自己的想法。数学学习变成学生独立性不断生成、张扬、发展、提升的过程，这种"过程"的形成会在很大程度上改变数学教学的面貌，改变数学学习的过程和结果，对促进学生发展具有战略性的意义。

2. 教师的教学

传统的小学数学课程体系以知识的积累为取向，学生的参与是被动的，学习难免生吞活剥、一知半解、似懂非懂。事实上，数学教学活动必须建立在学生的认知发展水平和已有的知识经验基础之上。教师应激发学生的学习积极性，给学生提供参与数学活动的机会。要处理好教师讲授和学生自主学习的关系，通过有效的措施，帮助他们在自主探索和合作交流的过程中真正理解和掌握基本的数学知识与技能、数学思想和方法，获得广泛的数学活动经验。学生是数学学习的主体，教师是数学学习的组织者、引导者与合作者。

教师教学活动要关注学生的个人知识和直接经验。华裔诺贝尔物理学奖获得者崔琦先生说过："喜欢和好奇心比什么都重要。"如果一门课程使学生饱受挫折的打击而与成功的喜悦无缘，学生也就不会喜欢，更谈不上"终身学习的愿望"了。所以，数学教学活动应该成为喜欢和好奇心的源泉。数学教学要从学生生活经验和已有的体验开始，从直观的和容易引起想象的问题出发，让数学背景包含在学生熟悉的事物和具体情景之中，并与学生已经了解或学习过的数学知识相关联，特别是与学生生活中积累的常识性知识和那些学生已经具有的、但未经训练或不那么严格的数学知识体验相关联。

相应改变教师的角色。教师角色转变的重心在于使传统意义上的教师教和学生学，不断让位于师生互教互学，彼此形成一个真正的"学习共同体"。教师要从一个知识传授者转变为学生发展的促进者；要从教室空间支配者的权威地位，向数学学习活动的组织者、引导者和合作者的角色转变，为学生发展提供良好的环境和条件。所谓"组织者"是指教师组织学生发现、寻找、搜集和利用学习资源，组织学生营造和保持教室中和学习过程中积极的心理氛围等；所谓"引导者"是指教师引导学生设计恰当的学习活动，引导学生激活进一步探究所需的经验，引导学生围绕问题的核心进行深度探索、思想碰撞，等等；"合作者"的含义包括建立人道的、和谐的、民主的、平等的师生关系，让学生在平等、尊重、信任、理解和宽容的氛围中受到激励和鼓舞，得到指导和建议。表面上看，似乎教师的空间被"压缩"了，实际上赋予教师的是更高的要求、更大的责任和更多的期望。

（四）关于数学学习评价

传统的评价以量化为特征。量化固然有其合理的一面，但把学生活生生的个性量化成一组组僵硬数字的做法则过于简单，而且在实践中，量化又往往被处理成以挑毛病和"扣"分为特征的"排队"型考试。"排队"就要有先后，虽然有激励作用，但侧重的是甄别，持续不断地用分数和"排队"来甄别学生学习的优劣，就容易使那些原本充满学习热情的学生开始怀疑自己的能力，变得越来越不自信，造成学生原有的学习热情和愿望一点点地丢失。

评价的主要目的就是为了全面了解学生的数学学习的过程和结果，激励学生学习和改进教师教学；应建立评价目标多元、评价方法多样的评价体系。

1. 要把过程纳入评价的视野

评价不是为了给出学生在群体中所处的地位，而是为了每一个学生在现有的基础上谋求进一步的实实在在的发展。把学生解决问题的调查过程、探究过程、运用前提形成假设的过程、交流与合作的过程、推理和计算的过程、使用技术手段的过程等学习过程中的全部情况都纳入评价范围，强调过程本身的价值，凡是对学生有价值的行为，即使有些与预定目标不那么符合，也要给予支持与肯定，对学生的主体性和创造性要给予足够的尊重。评价既要关注学生学习的结果，也要关注他们学习的过程；既要关注学生数学学习的水平，也要关注他们在数学活动中所表现出来的情感与态度，帮助学生自我教育、自我进步、认识自我、建立自信。

2. 拓展多样化的评价目标和方法

新课程的实施要求有相应的评价方式，这应该是不同于以往的、与新的课程内容和教学方式相结合的评价方式。《数学课程标准》所倡导的是主体多元性和形式多样化的评价方式。改变那种只重视结果不重视过程、形式单一的排队型评价，抑制那种一张纸、一支笔、几道题决定一个孩子命运的做法。

（五）关于信息技术

现代信息技术的发展对数学教育的价值、目标、内容以及学与教的方式产生了重大影响，数学课程的设计与实施应根据实际情况合理地运用现代信息技术，特别要充分考虑计算器、计算机对数学学习内容和方式的影响，开发并向学生提供丰富的学习资源，把现代信息技术作为学生学习数学和解决问题的有力工具。

1. 树立数学课程与现代信息技术融合的观念

现代信息技术对数学课程的影响在观念上的意义远大于其实际意义。面对21世纪的挑战，学生数学方面发展的愿望和能力最重要的基石之一就是现代信息技术与新的数学课程理念的融合。现代信息技术本身虽不是新一轮数学课程改革的直接动因，但却是这场改革不可或缺的重要条件，它为数学课程改革的理想提供了切实可行的方案、技术、方法和工具，是营造新的数学学习环境、实现数学课程改革理念的一个重要保障。

2. 现代信息技术要致力于改变学生的学习方式

在可以预见的未来，现代信息技术将获得进一步的发展，学校的教学条件将得到不断改善，计算机等现代信息技术设备将成为学生学习和探索知识的有力工具，电脑和网络将成为发展学生的能力和兴趣的重要手段，学生可以通过各种现代化媒介获取信息、帮助思考、促进学习。现代信息技术不仅能够有力地促进学生创新精神的发展，而且能够帮助学生从一些烦琐、枯燥和重复性的工作中解脱出来。

第二节 小学数学课程目标

小学数学课程目标规定了教学内容的范畴和深度、广度，规定了教学的目标和方向。确定小学数学课程目标的主要依据是小学教育的培养目的，同时还应结合数学的学科特点。

一、小学数学的教学目的

《大纲（试用修订版）》关于"教学目的"从知识、能力和思想品德教育三个方面提出，在教学要求上对这三个方面的目的结合教学内容给予了具体的说明，同时还增加了一些体现新的教育理念的语言，但从整体上看，教学目的还基本上局限于知识与技能范畴。

第一，使学生理解、掌握数量关系和几何图形的最基础知识。

第二，使学生具有进行整数、小数、分数四则运算的能力，培养初步的思维能力和空间观念，能够探索和解决简单的实际问题。

第三，使学生具有学习数学的兴趣，树立学好数学的信心。

二、《数学课程标准》的课程目标

《数学课程标准》在课程目标部分按"总体目标"和"学段目标"分别进行阐述。

（一）总体目标

根据《基础教育课程改革纲要（试行）》（以下简称《纲要》），结合数学教育的特点，《数学课程标准》明确了义务教育阶段小学数学课程的四个方面的总目标，即通过义务教育小学阶段的数学学习，学生能够：①获得适应社会生活和进一步发展所必需的数学的基础知识、基本技能、基本思想方法和基本活动经验。②体会数学知识之间、数学与其他学科之间、数学与生活之间的联系，运用数学的思维方式进行思考，增强发现和提出问题的能力、分析和解决问题的能力。③了解数学的价值，提高学习数学的兴趣，增强学好数学的信心，养成良好的学习习惯，具有初步的创新意识和科学态度。

对总体目标的进一步认识，需要理解各具体目标的内涵及其相互关系。《数学课程标准》从知识与技能、数学思考、问题解决、情感与态度等四个方面做了具体阐述。

总体目标从以下四个方面具体阐述：

1. 知识技能

第一，经历数与代数的抽象运算与建模等过程，掌握数与代数的基础知识和基本技能。

第二，经历图形的抽象分类、性质探讨运动、位置确定等过程，掌握图形与几何的基础知识和基本技能。

第三，经历在实际问题中收集和处理数据、利用数据分析问题、获取信息的过程，掌握统计与概率的基础知识和基本技能。

第四，参与综合实践活动，积累综合运用数学知识、技能和方法等解决简单问题的数学活动经验。

2. 数学思考

第一，建立数感、符号意识和空间观念，初步形成几何直观和运算能力，发展形象思维与抽象思维。

第二，体会统计方法的意义，发展数据分析观念，感受随机现象。

第三，在参与观察、实验、猜想、证明、综合实践等数学活动中，发展合情推理和演绎推理能力，清晰地表达自己的想法。

第四，学会独立思考，体会数学的基本思想和思维方式。

3.问题解决

第一,初步学会从数学的角度发现问题和提出问题,综合运用数学知识解决简单的实际问题、增强应用意识,提高实践能力。

第二,获得分析问题和解决问题的一些基本方法,体验解决问题方法的多样性,发展创新意识。

第三,学会与他人合作交流。

第四,初步形成评价与反思的意识。

4.情感态度

第一,积极参与数学活动,对数学有好奇心和求知欲。

第二,在数学学习过程中,体验获得成功的乐趣,锻炼克服困难的意志,建立自信心。

第三,体会数学的特点,了解数学的价值。

第四,养成认真勤奋、独立思考、合作交流、反思质疑等学习习惯。

第五,形成坚持真理修正错误、严谨求实的科学态度。

总体目标的这四个方面,不是相互独立和割裂的,而是一个密切联系、相互交融的有机整体。在课程设计和教学活动组织中,应同时兼顾这四个方面的目标。这些目标的整体实现,是学生受到良好数学教育的标志,它对学生的全面、持续、和谐发展有着重要的意义。

(二)学段目标

数学课程目标对于不同学段的学生具有不同的要求,这里只对义务教育阶段小学(一、二学段)数学课程目标作具体阐述。

1.关于"知识与技能"

基础知识与基本技能仍然是学生数学学习的重点。随着社会的进步,对基础知识与基本技能的认识应当与时俱进,一些多年以前被看重的"基础知识"和"基本技能"已不再成为今天或者未来学生数学学习的重点。例如,某些复杂的、超出学生认识水平和理解能力的运算技巧,那些人为编造、只和考试关联的"题型"等。相反,一些以往未受关注的知识、技能或数学思想方法应当成为学生必须掌握的基础知识和基本技能。例如,结合实际背景选择合适算法的能力,使用计算器处理数据的能力,处理数据并根据所得结果做出推断的能力,对变化过程中变量之间变化规律的把握与运用的意识等。

对第一学段学生而言，经历从日常生活中抽象出数的过程，理解万以内数的意义，初步认识分数和小数，理解常见的量，体会四则运算的意义，掌握必要的运算技能；在具体情境中，能进行简单的估算；经历从实际物体中抽象出简单几何体和平面图形的过程，了解一些简单几何体和常见的平面图形，感受平移、旋转、轴对称现象，认识物体的相对位置，掌握初步的测量、识图和画图的技能；学习简单的数据收集、整理、分析的过程，了解简单的数据处理方法。

对第二学段的学生而言，体验从具体情境中抽象出数的过程，认识万以上的数，理解分数、小数、百分数的意义，了解负数，掌握必要的运算技能，理解估算的意义，能用方程表示简单的数量关系，能解简单的方程；探索一些图形的形状、大小和位置关系，了解一些几何体和平面图形的基本特征，体验简单图形的运动过程，能在方格纸上画出简单图形运动后的图形，了解确定物体位置的一些基本方法，掌握测量、识图和画图的基本方法；学习数据的收集、整理和分析的过程，掌握一些简单的数据处理技能，体验随机事件和事件发生的可能性；能借助计算器解决简单的应用问题。

2. 关于"数学思考"

义务教育阶段的数学教育是一种公民教育，它带给学生的绝不仅仅是会解更多的数学题。对所有的未来公民来说，抽象思维和形象思维能力、统计观念、合情推理与演绎推理的意识等都是不可缺少的，它们应当成为学生学习数学的重要目标。

对第一学段的学生来说，在运用数及适当的度量单位描述现实生活中的简单现象，以及对运算结果进行估计的过程中，发展数感；在从物体中抽象出几何图形、想象图形的运动和位置的过程中，发展空间观念；能对调查过程中获得的简单数据进行归类，体验数据中蕴含着信息；在观察、操作等活动中，能提出一些简单的猜想；会独立思考问题，表达自己的想法。

对第二学段的学生而言，初步形成数感和空间观念，感受符号和几何直观的作用；进一步认识到数据中蕴含的信息，发展数据分析观念，感受随机现象；在观察、实验、猜想、验证等活动中，发展合情推理能力，能进行有条理的思考，能比较清楚地表达自己的思考过程与结果；会独立思考，体会一些数学的基本思想。

3. 关于"问题解决"

我们的学生几乎天天都在"解题"，解大量的题。但《数学课程标准》所关注的"问题解决"并不等同于这些解题活动。《数学课程标准》的要求是多方面的，包括初步学会从数学的角度提出问题、理解问题，并能综合应用所学的知识和技能解决问题。

对第一学段的学生而言，能在教师的指导下，从日常生活中发现和提出简单的数学问题，并尝试解决；了解分析问题和解决问题的一些基本方法，知道同一个问题可以有不同的解决方法；体验与他人合作交流解决问题的过程；尝试回顾解决问题的过程。为此，教师可以在教学过程中多问一些：想一想，你是怎样得到这个问题的答案的？

对第二学段的学生来说，尝试从日常生活中发现并提出简单的数学问题，并运用一些知识加以解决；能探索分析和解决简单问题的有效方法，了解解决问题方法的多样性；经历与他人合作解决问题的过程，尝试解释自己的思考过程；能回顾解决问题的过程，初步判断结果的合理性。因而，教师可以在教学中多问一些：想一想，你为什么没有能够得到问题的答案？你获得成功的关键是什么？

4.关于"情感与态度"

情感与态度这一目标关系到对数学课堂中的素质教育的认识。数学课堂是素质教育课堂，合格公民的许多素质，诸如对自然与社会现象的好奇心、求知欲，实事求是的态度、理性精神，独立思考与合作交流的能力，克服困难的自信心、意志力，创新精神与实践能力等，是可以通过数学教学活动来培养的。

第一学段，让学生经常用数学的"眼光"看身边与数学有关的事物，也可以经常向学生提供一些有趣的数学问题，引起他们的好奇心，使他们能够积极参与生动、直观的数学活动；在他人的鼓励与帮助下，能克服在数学活动中遇到的某些困难，获得成功的体验，有学好数学的信心；了解可以用数和形来描述某些现象，感受身边的很多事物与活动都存在着数学；能倾听别人的意见，尝试对别人的想法提出建议，知道应该尊重客观事实。

在第二学段，引导学生将"数学眼光"转向更为广阔的生活情境，使得学生对周围环境中与数学有关的事物具有好奇心，从而产生求知欲，能够主动参与教师组织的教学活动；给学生创造机会，让他们体会数学对于我们所生活的自然与社会所产生的重要作用，认识到许多实际问题可以借助于数学方法来解决，并可以借助于数学语言来表述和交流；通过观察、操作、归纳、类比、推断等数学活动，学生能够体验数学活动的探索性和挑战性，感受数学的严谨性、数学思考过程的条理性以及数学结论的确定性;初步养成乐于思考、勇于质疑、实事求是等良好品质。

以上四个方面的目标是一个密切联系的有机整体,对人的发展具有十分重要的作用。其中,"数学思考""问题解决""情感与态度"的发展离不开"知识与技能"的学习,同时,"知识与技能"的学习必须以有利于其他目标的实现为前提,它们都是在丰富多彩的数学活动中实现的。

第三节　小学数学课程内容

一、小学数学课程内容的选择

小学数学课程内容是整个数学学科的基础部分,是小学生学习数学的主要对象。选择哪些数学知识作为小学数学的课程内容?其依据是什么?如何确定课程内容?这些都是小学数学教师钻研教材、掌握教材必须明确的重要问题。

(一)选择小学数学课程内容的依据

选择小学数学课程的内容,应以《数学课程标准》为基本依据,要服从于小学教育的培养目标、教学目的和要求。一般要遵循下列原则:

1. 要选择日常生活和进一步学习所必需的最基础的数学知识

小学教育是义务教育的基础,对于小学数学来说,要从中小学的数学课程内容的整体加以通盘考虑。要注重选择那些在日常生活中广泛应用和进一步学习数学、物理、化学以及其他科学技术知识时所必需的最基础的数学知识。我国已实施九年制义务教育,学生小学毕业后基本上都要再进行初中教育,一般不允许小学毕业生直接参加生产劳动,这是我国教育事业重大发展的保证。小学数学课程内容的选择要以此为准绳,要从提高全民素质出发,为培养各级各类人才打下良好的基础。

2. 适应 21 世纪知识经济时代和信息技术发展的需要

在确定小学数学课程内容时要考虑社会对数学基础知识和基本技能的需要,既要考虑当前的社会需要,又要兼顾今后一段时期内的社会需要。由于科学技术发展日益加快,知识的总量增加在加快,数学本身的发展也在加快,导致小学数学的基础知识也在发生变化。小学数学内容是整个数学学习中最基础的，随着科学技术的发展和社会需要的变化，其中有一些课程内容要进行调整和更新，以适应我国社会主义现代化建设和科学技术发展的需要。

3. 要符合小学生的认识能力和接受能力

小学数学课程内容不仅要考虑数学课程自身的特点，更应符合小学生学习数学的心理特征，着眼于学生终身学习的愿望和能力，从小学生的生活经验和知识经验出发，必须符合小学生的认识能力和接受能力，把需要的和可能的结合起来，恰当地确定教学内容的程度和分量。如果片面地加大教学内容的广度、深度和难度，致使学生难以理解和接受，势必加重学生负担，不利于打好扎实的基础，更谈不上能力的培养。如果课程内容过易过少，则不利于全民素质的提高和人才的培养。

（二）小学数学课程内容的确定

在《数学课程标准》下，为体现义务教育阶段小学数学课程的基础性、普及性和发展性，课程内容的改革与实施注重密切联系学生的生活和经验以及社会、科技发展的现实，强调学生经验、学科知识和社会发展三方面内容的整合。《数学课程标准》将教学内容分为"数与代数""图形与几何""统计与概率""综合与实践"四部分。

1. "数与代数"领域

"数与代数"的主要内容有数的认识，数的表示，数的大小，数的运算，数量的估计；字母表示数，代数式及其运算；方程、方程组、不等式、函数等。

加强方面：重视对数与代数的意义的理解，强调通过实际情境使学生体验、感受和理解数与代数的意义，培养学生的数感和符号感；注重过程，提倡在学习过程中学生的自主活动，重视对数与代数规律和模式的探求；注重应用，渗透数学建模思想，加强对学生数学应用意识和解决实际问题能力的培养；加强估算、重视口算、鼓励算法多样化，提倡使用计算器和计算机。

减弱方面：降低运算的复杂性、技巧性和熟练程度的要求，减少公式，降低对记忆的要求；降低了对一些概念过分"形式化"的要求。

2. "图形与几何"领域

"图形与几何"的主要内容有空间和平面基本图形的认识，图形的性质、分类和度量；图形的平移、旋转、轴对称、相似和投影；平面图形基本性质的证明；运用坐标描述图形的位置和运动。

加强方面：强调内容的现实背景，联系学生的生活经验和活动经验；增加了图形变换、位置的确定、视图与投影等内容，"视图与投影"的内容注重生活化、现实化；注重引导学生通过观察、操作、有条理地思考和推理、交流等活动，从多种角度认识图形的形状、大小、变换和位置关系，发展学生的几何直觉和空间观念；突出"图形与几何"的文化价值；重视量与测量（包括估测），并把它融合在有关内容中，加强测量的实践性；加强合情推理，调整"证明"的要求，强化理性精神。

减弱方面：削弱了单纯的平面图形周长、面积、体积等计算。

3. "统计与概率"领域

"统计与概率"的主要内容有收集、整理和描述数据，包括简单抽样、整理调查数据、绘制统计图表等；处理数据，包括计算平均数、中位数、众数、方差等；从数据中提取信息并进行简单的推断；简单随机事件及其发生的概率。

"统计与概率"这一领域的内容对学生来说是充满趣味和吸引力的，从第一学段起就安排了有关的学习内容，与现行《大纲（试用修订版）》相比，其加强与注意的方面有强调统计与概率过程性目标的达成，通过具体操作活动，使学生对数据处理的过程有所体验，在活动中学习一些简单的收集、整理和描述数据的知识和方法，并能根据数据回答一些简单的问题（即简单的统计推理），做出简单的决策和预测等；强调对统计表特征和统计量实际意义的理解；注意与现代信息技术的结合；注意统计与概率和其他内容的联系。削弱和淡化单纯的统计量的计算以及统计概念的严格定义。

4. "综合与实践"领域

"综合与实践"是一类以问题为载体、以学生自主参与为主的学习活动。在学习活动中，学生将综合运用"数与代数""图形与几何""统计与概率"等知识和方法解决问题。"综合与实践"的教学活动应当保证每学期至少一次，可以在课堂上完成，也可以课内外相结合。提倡把这种教学形式体现在日常教学活动中。

"综合与实践"领域作为义务教育阶段数学课程的四个学习领域之一，是《数学课程标准》的一个特色，反映了数学课程与教学改革的要求。将综合与实践作为数学知识技能领域的一个重要内容，并不是在其他数学知识领域之外增加新的知识，而是强调数学知识的整体性、现实性和应用性，通过综合实践活动，促使学生进行自主探索、合作交流，并学会综合运用所学的知识解决问题。在第一学段，主要强调"实践"，强调数学与生活经验的联系；第二学段，在继续强调实践与经验的基础上，增加了"综合应用"的要求。"综合与实践"领域的设置，对于培养学生的创新意识与实践能力具有较强的促进作用，同时使新的数学课程具有一定的弹性和开放性。

在数学课程中，应当注重发展学生的数感、符号意识、空间观念、几何直观、数据分析观念、运算能力、推理能力和模型思想。为了适应时代发展对人才培养的需要，数学课程还要特别注重发展学生的应用意识和创新意识。

数感主要是指关于数与数量、数量关系、运算结果估计等方面的感悟。建立数感有助于学生理解现实生活中数的意义，理解或表述具体情境中的数量关系。

符号意识主要是指能够理解并且运用符号表示数、数量关系和变化规律；知道使用符号可以进行运算和推理，得到的结论具有一般性。建立符号意识有助于学生理解符号的使用是数学表达和进行数学思考的重要形式。

空间观念主要是指根据物体特征抽象出几何图形，根据几何图形想象出所描述的实际物体；想象出物体的方位和相互之间的位置关系；描述图形的运动和变化；依据语言的描述画出图形等。

几何直观主要是指利用图形描述和分析问题。借助几何直观可以把复杂的数学问题变得简明、形象，有助于探索解决问题的思路，预测结果。几何直观可以帮助学生直观地理解数学，在整个数学学习过程中都发挥着重要作用。

数据分析观念包括了解在现实生活中有许多问题应当先做调查研究，收集数据，通过分析做出判断，体会数据中蕴含的信息；了解对于同样的数据可以有多种分析的方法，需要根据问题的背景选择合适的方法；通过数据分析体验随机性，一方面对于同样的事情每次收集到的数据可能不同，另一方面只要有足够的数据就可能从中发现规律。数据分析是统计的核心。

运算能力主要是指能够根据法则和运算律正确地进行运算的能力。培养运算能力有助于学生理解运算的算理，寻求合理简洁的运算途径解决问题。

推理能力的发展应贯穿于整个数学学习过程中。推理是数学的基本思维方式，也是人们学习和生活中经常使用的思维方式。推理一般包括合情推理和演绎推理，合情推理是从已有的事实出发，凭借经验和直觉，通过归纳和类比等推断某些结果；演绎推理是从已有的事实（包括定义、公理、定理等）和确定的规则（包括运算的定义、法则、顺序等）出发，按照逻辑推理的法则证明和计算。在解决问题的过程中，两种推理功能不同，相辅相成；合情推理用于探索思路，发现结论；演绎推理用于证明结论。

模型思想的建立是学生体会和理解数学与外部世界联系的基本途径。建立和求解模型的过程包括从现实生活或具体情境中抽象出数学问题，用数学符号建立方程、不等式、函数等表示数学问题中的数量关系和变化规律，求出结果并讨论结果的意义。这些内容的学习有助于学生初步形成模型思想，提高学生学习数学的兴趣和应用意识。

应用意识有两个方面的含义：一方面，有意识利用数学的概念、原理和方法解释现实世界中的现象，解决现实世界中的问题；另一方面，认识到现实生活中蕴涵着大量与数量和图形有关的问题，这些问题可以抽象成数学问题，用数学的方法予以解决。在整个数学教育的过程中都应该培养学生的应用意识，综合实践活动是培养应用意识很好的载体。

创新意识的培养是现代数学教育的基本任务，应体现在数学教与学的过程之中。学生自己发现和提出问题是创新的基础；独立思考、学会思考是创新的核心；归纳概括得到猜想和规律，并加以验证，是创新的重要方法。创新意识的培养应该从义务教育阶段做起，贯穿数学教育的始终。

二、小学数学课程内容的编排

小学数学教材是小学数学课程目标的具体体现和小学数学课程内容的主要载体。教材的编排体系，决定教与学的系统性与循序渐进的"序"；内容的呈现方式，体现为对学习方法的指导，影响到教与学的活动及其效果。所以，科学的编排、加工课程内容，建立合理的教材结构，可以简化学习内容，促进学习迁移，促进学生认识能力的发展，提高教与学的效率。

（一）小学数学课程内容编排的主要原则

小学数学课程内容为学生的学习活动提供了基本线索，是实现课程目标、实施教学的重要资源。小学数学课程内容的定位应以《数学课程标准》为基本依据。一般认为，小学数学课程内容的编排应遵循以下原则：

1. 正确处理数学知识的逻辑顺序与儿童心理发展顺序的关系

数学科学与小学数学课程不仅在程度深浅上和分量轻重上有差异，在编排体系上也有区别和联系，这是由数学学科特点与儿童认知特点之间的矛盾所决定的。通常情况下，数学科学的体系是从定义、公理出发，讲述定理、公式，并加以证明，从事这样的学习多半是一件枯燥、乏味、艰难的事情。对感性认识还不够丰富、抽象思维能力尚在形成的儿童来说，如果数学课程内容也从概念、原理出发，只注意数学知识本身的逻辑演绎顺序，就会大大增加学习的困难。因此，小学数学课程内容的编排，既要注意数学知识的逻辑系统性，以满足教材的科学性要求；更要符合儿童的认识规律和智力发展水平，要根据儿童的学习心理特点，将数学知识重新组织成适合儿童学习的材料。

小数的编排就是典型的一个例子。从数学知识的逻辑顺序来看，小数是分数的特例，即十进分数，它的性质和四则运算法则，在理论上是由分数的相关知识导出的。完全按照这一逻辑顺序来编排，就要先教分数及其四则运算，再教小数及其四则运算。由于在日常生活中使用小数的机会很多，学习小数也可以更多地利用小数与整数的联系，发挥学习的正迁移作用，所以学习小数要比学习分数更为容易。因此，我国的教材一般采取先让学生直观地初步认识分数，作为引进小数的基础，再系统地教授小数及其四则运算的方式进行编排。这样既可以保证这部分内容的可接受性，又兼顾到了数学知识的系统性。

2. 适当分段，螺旋上升，由浅入深，循序渐进

课程内容的编排有两种最主要的方式。一种是直线式，即将教学内容按照课题由低水平到高水平，一个接着一个地进行下去，直线推进，不予重复。这种编排方式要求学生必须掌握不断接踵而来的新内容，在中学的高年级和高等学校的教材中用得较多，义务教育小学阶段的教材通常不这样安排。

另一种是螺旋式（又称圆周式），即将教学内容按照深浅、难易的程度，让某些概念、原理重复出现，经过几个循环，逐步扩展、深化、螺旋上升。这种编排方式比较适合小学生的接受能力，因为小学生认识事物，特别是一些重要的数学概念，往往不能一次完成，需要有个逐步深化理解的过程，而且小学生的认识能力也需要在学习的过程中逐步发展起来，所以适当的反复是必要的。

小学数学课程内容的编排，除了从整体上适当划分阶段以外，还应该遵循从感性到理性、从已知到未知、由此及彼、由表及里的认识规律，对教学内容做出具体的处理。采用螺旋上升的体系要适度，以适应学生心理发展为准。过多的不必要的重复和循环，把知识分得过于细碎，会造成教学时间的浪费和学生学习兴趣的降低。

3.突出基本概念、基本规律和基本方法

课程内容的编排，还必须处理好知识的主与次、源与流、因与果的关系，所谓的"主""源""因"，就是教学法中所涉及的基本概念、基本规律和基本方法。在小学数学中，诸如整数、小数、分数的概念，四则运算的主要法则，加法、乘法的运算定律，常见图形的主要特征，应用题的基本数量关系等，在整个知识链中仍然处于重要地位，对进一步学习起着重要作用。突出这些重点内容，使学生切实掌握，有利于举一反三、触类旁通，有助于掌握知识的整体结构。

4.突出各部分知识之间的纵横联系与综合

数学知识是一个有机的整体，小学数学教学内容包括"数与代数""图形与几何""统计与概率""综合与实践"四部分。代数初步知识比较抽象，宜于在学生掌握了一定的数与运算知识的基础上进行教学，几何形体的求积，需要用到数的运算，简单的统计知识更是离不开数与数的运算，至于应用题，它反映了各部分知识是如何应用于实际的，与各部分知识都有密切联系，但首先还是和数与运算的联系。由此分析可以看出，小学数学课程内容的整体结构，可以采用混编的形式组织，以数和数的运算知识为主线，其他各部分知识合理穿插其中，相互配合，以体现数与代数、图形与几何、统计与概率之间的联系，同时还要注意各部分知识本身的内在联系，构成一个上下贯通、左右联结的知识网络，展示数学的整体性，有利于教学的顺利开展，有利于对知识的融会贯通和综合运用。

另外，小学数学课程内容的编排还应关注数学与现实世界及其他学科之间的联系。

（二）小学数学课程内容编写的主要原则

小学数学课程内容的编写，要根据教学目标，从教育学、心理学的角度，对经过合理编排的数学知识进行加工。一般说来，应遵循以下原则：

1.选取密切联系学生生活、具有现实性和趣味性的素材

小学数学教材的素材应当来源于学生的现实，紧密联系学生的生活实际，从学生熟悉的生活情景和周围事物中，选择学生身边的、可以直接接触到的、感兴趣的事与物，提出有关的数学问题。实践活动素材的选择，要符合学生的年龄特征与生活经验，提供具体、有趣、富有一定启发性的活动（数学游戏），

让学生经历应用数学知识分析问题和解决问题的过程，积累数学活动的经验。

学生随着年龄的增长，他们的视野逐渐开阔，信息来源渠道也会逐渐增多。相应的，教材应逐步扩大联系实际的范围。

2. 内容呈现方式要丰富多彩，要为儿童喜闻乐见，有利于表现数学的内容

不能假设孩子们都非常清楚学习数学的重要性，并自觉地投入足够的时间与精力去学习数学，也不能够单纯依赖教师或家长的"权威"去迫使学生们这样做。事实上，我们更需要做的是让孩子们愿意亲近数学、了解数学、喜欢数学，从而主动地从事数学学习。为此，小学数学课程内容应根据不同年龄段学生的兴趣爱好和认知特征，采取适合于他们的表现形式。例如，丰富多彩的图形是"图形与几何"部分的重要学习素材，教材应做到图片与启发性问题相结合、图形与必要的文字相结合、计算与推理相结合、数和形相结合，充分发挥图形直观的作用，使教材图文并茂，富有启发性。内容呈现形式的多样化，能够保证学生积极、主动地参与整个学习过程，使得他们的数学学习活动是一个生动活泼的、主动的和富有个性的过程。在选择或设计表现形式时，不仅要考虑它的外在趣味性，还要考虑怎样才能形象、直观地表现数学的内涵，并恰如其分地把握好教学的要求。

3. 内容展开要注意显示数学知识的形成过程和思维过程

给学生提供思考、探索和合作交流的时间和空间，改进学生的数学学习方式是《数学课程标准》所提倡的一个改革目标。为培养学生的探究精神和实践能力，教学内容的展开，应力求展示知识的形成过程和解决问题的思考过程，根据教学内容的特点，努力提供让学生动手实践、参与探究、合作交流的活动条件。学生进行观察、实验、操作、验证、推理与交流等数学活动无疑需要时间，为此，教材应当采取适当的方式，使得学生在学习过程中有时间从事这样的活动。例如，可以设立"看一看""做一做""想一想""说一说""读一读"等栏目，引导学生进行自主性的学习活动，还可以适当提供开放性的问题和合作交流的机会，为学生拓展探索的空间。

4. 重视数学的应用，开发数学实践活动

应用的广泛性是数学的主要特点之一。加强数学的应用，是落实义务教育培养目标的需要。为此，教材应当结合数学知识的教学，引导学生从数或形的角度去观察、认识周围的事物，培养应用数学的兴趣、意识，以及相应的解决简单实际问题的能力。

"综合与实践"内容的设置，意味着小学数学教学中教与学方法的改革。综合与实践是一种新型的、具有现实性、问题性、实践性、综合性和探索性的学习活动，每次活动一般围绕一个主题展开，活动的设计应当体现出现实性、趣味性、可操作性，并具有一定的探索性。通过实践活动，拉近数学与人和自然的距离，使学生了解已经掌握的数学知识与生活的联系和应用，体会数学的文化价值和应用价值，初步学会综合运用所学数学知识和方法解决简单的实际问题。

5. 内容设计要有一定的弹性，关注不同学生的数学学习需求

《数学课程标准》所列出的目标是全体学生都应达到的基本要求，教材的编写必须明确这些基本要求，不能任意拔高，以确保基本要求的实现。另一方面，考虑到学生发展的差异和各地区发展的不平衡性，教材编写应体现一定的弹性，为因材施教提供必要的条件，以满足不同学生的数学学习需求，使全体学生都能得到相应的发展，真正实现"不同的人在数学上得到不同的发展"。例如，可以就同一问题情境提出不同层次的问题或开放性问题，使每个学生都能对其中的一些问题给出自己的想法，获得成功的体验。

教材中还可以设计一些拓宽知识的选学内容或生动有趣的阅读材料供学生选择阅读，内容应注重数学思想方法的渗透，注重学生的发展，有利于学生认识数学的本质与作用，增强对数学的学习兴趣，而不应该片面追求解题的难度、技巧和速度。课后习题配备应突出层次性，如分为必做题、选做题（通常打上※号）、思考题等。

"综合与实践"内容的设计要使所有的学生都能参与，让不同的学生获得不同的体验和发展，满足所有学生的数学学习需求。

6. 介绍有关的数学背景知识

教材中要注重体现数学的文化价值，在对数学内容的学习过程中，教材可以在适当的地方插入介绍一些数学背景知识的辅助材料，如数学发现、数学趣闻与数学史料、数学家介绍、一些数学概念产生的背景材料、数学在现代生活中的广泛应用等，使学生对数学的发生与发展过程有所了解，体会数学在人类发展历史中的作用和价值，激发学生学习数学的兴趣。这部分内容的学习可以采用阅读材料的形式呈现。

第二章　小学数学教学设计的基础理论

第一节　小学数学教学设计的含义

教学设计是在实施教学之前,依据学习论和教学论的原理,运用系统论的观点和方法,对教学的各个环节进行统筹规划和安排,并为学生的学习创设最优环境的准备过程。

一、数学教学设计的概念

"设计"在《辞海》中的解释为:"预先的策略规划(制定方案、图样等)。"教学设计是为了达到教学目标,使学生身心都得到发展而在教学前进行的设计和规划。"数学教学设计"是以数学学习论、数学课程论、数学教学论为理论基础,运用系统方法来分析数学教学问题,确定数学教学目标,设计数学教学问题的策略方案、试行方案、评价试行结果和修改方案的过程。

数学有三种形态:原始形态、学术形态和教育形态。原始形态,是指数学家发现数学真理、证明数学命题时所进行的繁复曲折的数学思考,它具有后人仿效的历史价值。学术形态,是指数学家在发表论文时采用的形态:形式化,严密地演绎,逻辑地推理,它呈现简洁的、冰冷的形式美丽,却把原始的、火热的思想淹没在形式的海洋里。教育形态,是指通过教师的努力,启发学生高效率地进行火热的思考,使人类千年积累的数学知识体系易于接受。数学的教育形态所对应的是学科教学的内容。数学教学设计就是要在数学学术形态和数学自然形态之间构建起既能反映数学本质又适宜学生学习的数学教育形态,就是要在数学的自然形态和学术形态之间架一座桥梁,这座桥梁就是数学的教育形态。

数学教学设计的本质就是设计好数学的教育形态,教学设计的过程实际上就是构建数学教育形态的过程。而数学课本上的知识是冰冷的，教师的作用就是使这些冰冷的知识热起来。

教学设计可以是：一个学段，一个学年，一个学期，一个单元，一个课时。而一个课时是最基本、最重要的。

二、数学教学设计的特征

由于数学教学主要解决"教什么""怎么教""达到什么效果"这三个基本问题。因此，数学教学设计的特征可做如下理解：

第一，数学教学设计是把数学教学原理转换成教学材料和教学活动的技能，遵循数学教学过程的基本规律，选择设计教学目标，解决"教什么"的问题。

第二，数学教学设计以计划和布局安排的形式，对怎样达到教学目标进行创造性的决策，解决"怎么教"的问题。

第三，数学教学设计以系统论的原理为指导，把教学过程的各要素看成一个系统，分析教学问题和需要，确立解决问题的程序纲要，使数学教学效果最优化，以解决"达到什么效果"的问题。

第四，数学教学设计是促进数学学习者提高兴趣、技能和获得知识的技术过程。数学教学设计与教育技术密切相关，其功能在于运用系统的方法设计教学过程，使之成为一种具有可操作性的程序。

三、研究数学教学设计的意义

研究数学教学设计的意义具体体现在以下几个方面：

第一，数学教学设计有助于数学教学科学化。数学教学设计是将数学教学活动的设计建立在科学的基础上，以数学学习论、数学教学论等理论为依据，指导数学教学设计，把数学教学理论转化为数学教学技能，使数学教学走上科学化的轨道。

第二，数学教学设计有助于提高数学教学现代化。数学教学设计是一项现代数学教学技能，它在现代教育理论的指导下，运用现代科学方法和现代科学技术，包括多媒体信息技术，对数学教学活动进行设计，使数学教学逐步实现现代化。

第三，数学教学设计有助于提高数学教学质量。数学教学设计能够构建数学教学过程的最优化的教学结构，使数学教学系统达到最佳状态。

第二节 小学数学教学设计的观念

数学教学设计的指导思想和理论主要包含以下几个方面：数学教育观、素质教育观、数学学习观、数学教学观和系统观。

一、数学教育观

教师的数学观、数学教学观从根本上决定了教师的教育价值取向。下面先论述数学观及其现代发展，然后再论述数学教育观及其发展。

数学观是人们对数学本质、规律和活动等各种认识的总和。数学观是在一定的历史条件下形成和演化的，与数学知识发展水平有密切的联系，反映了特定时期人们对数学性质和特征的见解。

数学是从数数、测量、天文计算、器皿制作等人们生活的实际需要中发展起来的。数学成为一门有组织的、独立的、理性的学科以后，便逐渐从数学的内部，通过演绎的方式产生问题并开展研究，只要满足系统内部的无矛盾性，就可以从一组公理出发来构建一个数学系统。

中小学所涉及的数学大多数是17世纪以前的内容，主要以算术、代数、几何和三角为主，一般也统称为经典数学（古典数学），以古希腊传统数学为代表。古希腊数学是从公理系统出发，用逻辑方法演绎出来的知识体系。柏拉图的数学观对整个数学发展影响深远，他认为数学的概念不依赖于经验，而自有其实在性。在古希腊社会中，数学是哲学家所追求真理总体的一部分。

17世纪，微积分和解析几何的创立标志着数学由常量数学时期进入了变量数学时期。微积分的建立成了研究数、形及运动变化的强有力工具。数学经过2 000多年的发展，近年来发生了前所未有的巨大变化，数学研究的范围比我们看得见的和摸得着的经验世界还要大。从19世纪以来，人们倾向于把数学分成专门的分支，每一个分支局限于从给定的一套公理定理发展出一套体系使得许多数学家只在狭小的范围内从事研究，他们当中有些人对于别的分支知之甚少，对于数学全貌则如"盲人摸象"，莫衷一是。这种过于专门化的倾向，对于数学科学的健康发展是十分有害的。19世纪中叶以来，随着非欧几何和非交换代数的诞生,以及一系列具有革命性意义的数学知识的发展,人们关于数学的基本观念、数学基础的本质和数学知识的性质的认识开始发生许多转变。现代数学的发展在各个分支领域出现了前所未有的内在统一性。

今天,人们已经把计算、理论、实验作为三种重要的科学研究方法。计算机成为数学家的实验室,数学实验已成为学生的必修课。目前数学观出现了以下的变化:①公理化、形式演绎仍是数学的特征之一;②数学在计算机技术支持下注重应用;③数学不等于逻辑,要做"好"数学。

因此,在进行教学设计时要重点考虑用什么样的数学观进行指导。正确的数学观对数学教学设计是十分必要的。

二、素质教育观

素质教育观主要包括以下几个方面:

(一)全面发展的教育目的观

全面发展的教育目的观,要求课堂教学不仅要学习数学基础知识,训练数学基本技能,发展数学基本思想,形成数学活动经验,培养数学认知能力,而且还要渗透思想品德教育,注重学生健全人格的形成和发展,并在学会认知的同时,学会做事,学会共同生活,学会生存和发展。

(二)面向全体的学生观

面向全体的学生观就是要求尊重每一个学生,发展每一个学生,不能放弃任何一个学生,不能歧视任何一个学生。在课堂教学中,要面向全体学生,为每一个学生的发展创造条件。让优秀生不断出现,并且加快发展,达到个人发展的较好水平。让后进生也能跟上,并且在原有的基础上有较大的提高,达到个人发展的较好水平。

(三)面向未来的人才观

面向未来的人才观是指培养未来社会所需要的人才,以德育为核心,以培养创新精神和实践能力为重点,树立科学的世界观和人生观。培养学生科学精神和创新思维习惯,培养学生搜集处理信息的能力和获取新知识的能力,以及分析和解决问题的能力、语言文字表达能力、动手实践能力、团结协作和社会活动的能力。

（四）学生主体的发展观

素质是人的品格特征的生存内涵，教育只有通过内化才能转化为学生个体的素质。教育过程中充分发挥学生主体作用是实施素质教育的重要条件，也是素质教育发展的实质体现。学生主体的发展观是指教育要把学生作为认识和发展的主体，尊重学生的主体地位，培养学生主体意识，充分发挥他们的主观能动作用。在课堂教学中强调学生是学习的主人，让学生主动参与，积极思考，变被动接受的"要我学"为主动进取的"我要学"。

三、数学学习观

数学教学的过程是学生学习数学的过程，它必须遵循数学学习的规律。数学教学设计是对数学教学的活动和过程进行设计，只有当数学教学设计符合学生学习数学的规律时，才能有效地促进学习。因此，数学教学设计必须以数学学习理论为基础，在数学学习理论指导下，开展数学教学设计活动。

学习是指学习者因经验而引起的行为、能力和心理倾向比较持久的变化。这些变化不是因成熟、疾病或药物引起的，而且也不一定表现出外显的行为。

（一）行为主义数学学习观

行为主义心理学派把学习看成是刺激与反应的联结，把环境看作刺激，把伴随刺激的有机体的行为看作反应，学习是环境对学习者的刺激和学习者对环境刺激做出的反应的联结。20世纪60年代，行为主义心理学的代表人物斯金纳提出操作条件反射理论，对教学设计产生了巨大影响，下面简要分析斯金纳的程序教学设计。

1. 基本做法

基本做法包括将各门学科的知识按其中的内在逻辑联系分解为一系列的知识项目，这些知识项目之间前后衔接，逐渐加深，然后让学生按照知识项目的顺序逐个学习每一项知识，伴随每个知识项目的学习，及时给予反馈和强化，使学生最终能够掌握所学的知识，达到预期的教学目标。

2. 基本特点

基本特点包括教学过程小步子，强调学习者的积极反应，教师及时反馈和改进，主张学习者自定步调，希望学习的结果是低错误率的。

学生严格按照教材规定的顺序进行学习，每完成一小步就给予一次强化。

运用行为主义学习理论的思想，人们在教学设计过程中建立了一系列的设计程序和技术步骤，开辟了技术和教学相结合的道路。但是，"刺激—反应"理论重视研究学习者外部条件，忽视学习者内部条件的作用，不重视学习者在学习过程中的心理过程，这些是这一理论的局限性。

（二）认知主义数学学习观

近年来，认知主义心理学派的学习理论逐渐在教学设计中占据了重要的地位。它认为学习不是环境刺激引起学习者的行为反应，而是学习者作用于环境，环境只提供潜在的刺激，而这些刺激能否受到注意或被加工，取决于学习者的认知结构。所谓认知，是指人脑对外界信息的接受、编码、贮存、运算以及提取并输出的过程，是人脑对外界事物的感知、理解、记忆、思维以及使用知识解决问题的过程。现代认知理论的代表人物是布鲁纳和奥苏伯尔。

1. 布鲁纳的"发现学习"教学设计

布鲁纳的认知结构学习理论认为学习包括三种几乎同时发生的过程：新知识的获得、知识的转化和对知识的评价。提出知识可以以三种方式呈现给学习者，第一阶段是实物操作；第二阶段是表象操作（头脑中的实物操作）；第三阶段是符号操作。他还提出了"发现学习"，即让学习者自己去发现教材的结构、结论和规律。

2. 奥苏伯尔的"先行组织者"教学设计

奥苏伯尔的同化学习理论先将认知方面的学习分为机械学习和有意义学习两类，其中有意义学习又可分为三类：表征学习、概念学习和命题学习。他认为有意义学习的心理机制是同化。新知识的学习有三种不同的同化模式：下位学习、上位学习和并列学习。在教学设计时，根据同化模式可以确定所要教学的概念、命题及其条件。如果学生认知结构中原有的概念或命题的概括性和包容范围高于要学习的新概念或命题，那么新概念或命题属于下位学习，可以根据下位学习的同化模式安排学习的内部条件。如果新学习的概念或命题的概括性和包容范围高于原有的概念或命题，那么新概念或命题属于上位学习，可以根据上位学习的同化模式安排学习的内外条件。如果新学习的概念或命题与原有的概念或命题既无上位也无下位关系，而是存在某些并列关系，那么可以根据并列学习的同化模式安排学习的内外条件。

奥苏伯尔的学习理论强调：教材编制要从一般到具体，强调"先行组织者"在教学设计中的作用。下面简要介绍奥苏伯尔的"先行组织者"教学设计的案例。

3. 建构主义教学设计

建构主义心理学是认知学习理论的进一步发展。建构主义理论认为，认知不是主体对客观实际的、简单的、被动的反映，而是一个主动的建构过程。在建构的过程中，主体已有的认知结构发挥着特别重要的作用。建构主义观下的数学教学设计，是指在教师的引导下，在原有的数学认知结构的基础上，通过一系列的数学活动，建立起新的认知结构。

四、系统观

系统论已被引入教育、教学领域，并取得不少成果。系统论为教学设计提供了指导思想和方法，应用系统方法进行教学设计，从整体和部分，整体和环境之间的相互联系、相互制约中，综合地考察对象，统筹全局，选择最佳方案，达到最优设计的结果。

（一）系统

所谓系统就是为了达到共同的目的，具有相互作用、相互联系的许多要素组成的整体。系统由要素组成，要素之间相互关联，形成一定的结构。例如教学过程是一个系统，它由教师、学生和教材三个要素组成，它们之间相互联系，形成结构。

（二）系统工程

所谓系统工程，是从系统的认识出发，设计和实现一个整体以达到我们所希望得到的效果。系统工程就是合理进行开发设计时所运用的思想、原理、方法、步骤、组织技巧的总称。系统工程揭示了系统内在整个发展过程中各要素环节相互制约的关系。

（三）系统的特点

系统有以下几个特点：

1. 整体性

①组成系统的各要素互相关联，不能孤立地考虑某个要素。②任何系统不是孤立的，它与大环境中的其他要素有关，应把系统置于环境中考察。③系统的整体功能＝各要素功能＋匹配功能。

2. 层次性

系统的结构是分层次的，各个要素根据自己在系统中所处的地位和所起的作用不同，分别处于不同的层次。教学设计是一项系统工程，可以分成两个层次。第一层次是宏观教学设计，是教学的总体规划设计，它包括设计课程方案、设计课程标准、编写教材等；第二层次是微观教学设计，是课堂教学过程设计，它包括单元教学设计、课时教学设计等。

3. 动态性

任何一个系统都是处在不断运动、发展、变化的状态，都有一个产生、形成、完善和消亡的过程。教学设计是一个系统，它也是动态的。预定的教学设计方案通过教学实践得到反馈信息，对原有的教学设计方案进行评价，然后进行修改，得到新的符合教学实际的方案。

系统论不仅为数学教学设计提供指导思想，从整体出发，全面综合地考虑教学设计的每一个因素，使教学设计获得最佳的效果。而且为数学教学设计提供系统的方法，包括系统分析方法、系统综合方法和系统模型方法等，它还能提供具体的分析和决策的操作过程。

第三节 小学数学教学设计的构想

基于课标精神、数学的学科特点、小学生的认知发展规律，理想的小学数学教学设计构想可以用"一二三"来概括，即围绕"一个中心"，抓住"两个根本"，理解"三条原理"。

一、围绕"一个中心"

围绕"一个中心"是指以学生的"学"为中心，树立"以人为本，以学定教，优质高效"的基本理念，追求"教师教得轻松，学生学得快乐，终身发展受益，师生幸福成长"的教育境界。

二、抓住"两个根本"

抓住"两个根本"是指抓住学生和教师两个根本要素。任何有效教学都必然要回归和依赖教学的根本要素,那就是人——学生与教师的地位与作用。当前,教师的作用相对凸显,而学生的地位显得单薄。抓住"两个根本"就是善用教师和学生这两股巨大力量,即彰显学生学习的主体地位和突出教师教学的主导作用。

三、理解"三条原理"

怎样抓住"两个根本"呢?关键要理解教学中的三条基本原理:教之道在于"度",学之道在于"省",用之道在于"活"。

(一)教之道在于"度"

教之道主要指怎样教更加有效,即"度"的把握。教无定法,教学有法,贵在得法,法宝在于"道",即如何突出教师的主导作用。教之道需要把握"三度":道(引导、诱导)而弗牵;强(指导、勉励)而弗抑;开(开启、生发)而弗达。因此,教师的主导作用是引导或诱导而不牵拉,指导或勉励而不强制,启发或辅导而不直达。

(二)学之道在于"省"

学之道主要是指怎样学习更加高效,即"省"的维度。"省"的意思是自我检查与自我反省。高效学习要"三省":一是检查和反省自己的情感与态度(开心与否,尽心与否,为什么);二是检查和反省自己的策略与方法(会学原则,如联想类比、多元理解等);三是检查和反省自己的行为与习惯(行动原则,如回答、交流、笔记、解题、小结、反思等)。

(三)用之道在于"活"

用之道主要是指怎样用素材更加合理,即"活"的意识。从"死教教材"走向"活用教材",从"死学教材"走向"用教材活学",对教材的处理不能生搬硬套或照本宣科,而应以学生为中心,以课本为本,根据学生学习起点和课本知识逻辑起点,合理取材,活用素材。

第四节　小学数学教学过程中的设计

一、小学数学教学过程设计的意义

教学是教师的"教"和学生的"学"共同组成的活动，教学就是师生、生生互相交流的活动，这种互动是教学的本质属性，学生是在教师的指导下实现自己德、智、体、美、劳各方面的发展的。而教师的指导是有目的、有计划和有组织的，这个目的是什么？就是每一门课程的教学目标，教学目标要进行逐层的具体化，能够在短期内实现的教学目标。学生在教师的指导下实现这些发展，就是要达成这些目标。那么一个非常重要的问题就是——如何达成这些教学目标呢？这就需要采用一些科学的方法，因为方法是达到目标的中介。"在什么情境下采用什么样的教学方法"就是教学策略，对于一节课来说，所需要的教学策略是需要设计的，如果没有这样的设计和决策就无法使学生的学习活动始终指向目标因而也就无法达成目标。

换一个角度来说，一个具体的课堂教学过程就可以被视为一个教学策略实施的过程。教学策略既然是教学过程的重要组成部分，那么教学策略设计一定是教学设计的内容。每位教师在自己的教学中都需要并且实际做过教学设计，当然包括教学策略设计。一般来说，没有教学策略就难以引领课堂教学对教学目标的指向，也就难以顺利进行按照教学定义指出的教师有目的、有组织地指导学生发展的教学活动了。

二、教学过程中的教学策略

（一）教学策略的含义

教学策略是建立在一定理论基础之上，为实现某种教学目标而制订的教学实施总体方案。教学策略设计作为教学设计的一项主要工作，包括：依据教学目标，在一定的教学理论引领下选择教学策略，确定教学方法，确定教学任务、教学资源和教学媒体等，从而展开教学活动。简单说，教学策略实际上就是为了达成教学目标"在什么情况下运用什么方法进行教学"的教学元方法。就布卢姆的知识分类来说，关于策略的知识属于元认知知识这是有道理的，对我们理解教学策略是有帮助的。需要注意的是，当我们从学生角度来考虑教学过程的时候，这种活动就称为学习策略。

（二）"教学方法"与"教学策略"

教学方法是为达成教学目标，完成教学任务，教师的教和学生的学相互作用所采取的方式、手段和途径的教学方法是更为详细具体的方式、手段和途径，它是教学策略的具体化，教学策略在某种程度上说就是在什么情境中选择什么教学方法的方案和策划。教学方法介于教学策略与教学实践之间，教学方法受制于教学策略。教学过程中选择和采用什么方法，受教学策略支配。因此，教学策略在本质上高于教学方法。教学方法是具体的、可操作的，教学策略则包含对教学方法的监控、反馈等内容，是教学方法的上位概念。实施教学策略是通过教学方法进行的。

这两个概念的区分是空言难晓的，用一个例子来说明。例如，在某节课上，教师主要采用了讲授法和集中练习法，这里的"讲授法"和"集中练习法"就是两种教学方法。而教师在设计教学时进行策划：本课的主体部分主要用讲授法进行教学，然后再用集中练习法进行巩固。

"先讲授，再巩固"就是一个教学策略——策划在什么情境中采用什么教学方法，就是一种元方法。因而，在描述教学过程的时候，教学策略是可以不出现的，只是体现在教师的教学顺序和教学程序之中；教学方法则是明显表现出来的，考察一个教学实录时，教学方法是显而易见的，而教师采用的教学策略则需要对教学加以仔细分析才可以得出。

从这个意义上说，教学策略设计指的就是：针对教学目标、设计教学的情境和此情境下采用的教学方法。

三、教学策略设计

（一）基于教学活动的教学策略

从课堂教学中最一般的师生的教学活动，也可以说师生互动来看，典型的教学策略只有两种，即"替代性策略"和"生成性策略"。替代性策略是倾向于通过提供全部的或部分的教育目标，教学内容的组织、细化、排序和强调、理解、检验，以及迁移的建议，较多地代为学生加工信息的教学策略。其信息加工的控制者是教师，所谓"替代"，是教师替代学生做好信息加工，使学生易于接受和理解。生成性策略则是"鼓励或允许学生通过生成教学目标、内容的组织、细化、排列和强调、理解和检验，以及向其他方面的迁移，从教学中构建他们自己特有的意义"的教学策略。其信息加工的控制者主要是学生，所谓生成，指的是由学生生成课堂。

在实际的教学中，教师设计的教学策略往往是在两者之间寻找某种平衡，教师希望用替代性策略以减轻学生的认知负担，同时希望用生成性策略以提高学生的学习兴趣、动机和学习效果。正像学生的学习在实际上不可能是完全的接受性学习，也不可能是完全的自主性学习一样，在实际的教学中，也不可能出现完全的替代性学习策略或者完全的生成性教学策略的设计。那么平衡两者以什么为标准呢？教师将依据学生的原有知识、学生的学习时间、学生的学习能力、学生的认知策略和自我动机的情况、学生的学习任务的紧迫性、学生的进一步的学习要求等来设计两种策略的平衡点。两种策略由于需要不同的平衡条件，形成了一系列不同替代程度的教学策略。按照教学互动中师生的主动程度，特别是学生学习的主动程度，可以得出不同的教学互动方式反映的不同生成程度的系列教学策略。

（二）教学策略结构的设计

一个有效的教学策略一般应该包含以下几个要素：指导思想、教学目标、实施程序、操作技术。在几个要素中，教学目标是教学策略结构的核心要素，对其他要素起到极强的制约作用。也就是说，一定的教学策略总是针对一定的教学目标的，并且总是尽力满足教学目标提出的要求，每一个教学策略都是指向教学目标的，甚至说教学策略的类别都是按照教学目标来设计的。

第三章　小学数学教学的细节设计

第一节　小学数学教学活动设计

一、导入的设计

导入是在新的教学内容或教学活动开始前，引导学生进入学习状态的教学行为方式。它是课堂教学的序幕，也是课堂教学的重要环节。精彩的导入可以为整堂课的教学奠定良好的基础。下面将探讨导入的功能和导入设计的方法。

（一）导入的功能

导入的功能主要表现在以下几方面：①引起学生注意，使学生进入学习情境。②激发学生学习兴趣和学习动机。③明确学习目的，调动学生学习积极性。④建立知识之间的相互联系，为学习新的内容做好准备。

（二）导入的方法

数学课的导入方法多种多样，在进行课堂教学设计时，要根据教学的目标和内容灵活运用，常用的导入方法有以下几种：①游戏导入；②直观导入；③实验导入；④旧知识导入；⑤悬念导入；⑥故事导入。

二、教学情境的设计

教学情境的设计能够反映教师对教学目标、教学内容和学生学习特点的掌握情况，创设教学情境，不仅可以使学生容易掌握数学知识和技能，而且可以"以境生情"，可以使学生更好地体验教学内容中的情感，使原来枯燥的、抽象的数学知识变得生动形象、饶有兴味。

目前，创设情境几乎成了任何课堂教学的一个常规环节。由于数学学科的特点具有抽象性、逻辑性和严谨性，所以课本中数学知识的呈现常常以抽象的形式表征。教学情境一方面是学习的"先行组织者"，另一方面是学生探究数学知识和数学思想方法的载体。从小学生的认知特点看，教学情境的设计要强调联系学生的生活经验，情境中要包含一定的数学信息，意图明确，有新意，能激发学生的求知欲望并富有启发性。

在进行教学设计时，要注意"导入"与"教学情境"的区别。课堂教学导入是指教师进入教室走上讲台开始上课时，在未正式宣讲教学内容之前所做的启发性讲话，用导入语言过渡到讲新课的过程，这个过程中有一项很重要的任务是让学生明白这节课主要的学习任务是什么。教学情境几乎可以用于课堂教学中的所有环节，当用于课堂导入时，常称为导入情境；用于解决问题时，常称为问题情境；当用于探究或实验时，常称为活动情境或实验情境。当前，各个版本的小学数学教科书中都重视教学情境的设计，许多教学情境的设计都很有新意或特点。在进行教学情境设计时，先要很好地理解课本中情境的意图，即情境中蕴含了什么数学信息，有时可以直接呈现课本中的情境，有时又需要根据学生的学习情况对情境进行必要的改动。

三、课堂提问的设计

能否在教学设计中处理好课堂提问的环节，是考核教师教学能力的一种重要的标准课堂。提问设计是教学设计中的一个难点，下面对提问设计做较为详尽的讨论。

（一）提问的概述

提问是教师根据教学内容的目的要求，以提出问题的形式，通过师生相互作用，以及检查学习、促进思维、巩固知识、运用知识实现教学目标的一种教学行为和方式。它是数学课堂教学的重要环节，是数学教师与学生交流的一种重要方式。

提问的作用是为学生设置悬念，启动思维，检查反馈学生学习结果，进一步发现问题，促进教师和学生的沟通。通过提问，激励学生参与课堂教学，并对所学内容进行巩固和强化。提问具有以下几种功能：

1. 激励参与

通过思考问题，使学生对学习产生兴趣，将注意力吸引到所学的内容上去，充分激发学生思维的主动性，积极参与教学活动。

2. 学会思维

教师的提问可以起示范作用，教会学生如何发现问题、提出问题。

3. 检查反馈

通过提问可以检查学生是否掌握已学过的知识，及时得到反馈的信息，了解学生认知的状态，诊断学生的困难和问题，从而对教学过程进行调整，并对学生进行适当的指导。

4. 巩固强化

学生在回答问题的过程中，通过不断思考，巩固强化所学的数学知识和技能，提高综合运用的能力。

（二）数学课堂有效提问的设计

课堂提问是课堂教学普遍运用的一种教学形式。数学课堂提问是教师引导学生理解数学知识的有效手段，是沟通教学信息的纽带，是教学调控的依据。有效的数学课堂提问可以开启学生的智慧之门，唤醒学生的求知欲，增强学习动力，同时使课堂充满情趣和艺术的魅力。

怎样的课堂提问才最有效？下面从三个教学片断进行分析：

片断1：圆的周长

一节研究课"圆的周长"，教师为了揭示圆的周长与半径（直径）有关，转动系绳的小球形成一个圆，让学生观察小球运行的轨迹形成的圆的周长。然后缩短绳子的长度，再转动，让学生观察。教师演示后提问："圆的周长与什么有关？"

片断2：圆的面积

"圆的面积"课上，教师先让学生分小组动手操作实现转化，将一个圆平均分成若干份，转化成一个近似的长方形。教师在"转化"这一环节上处理得非常好，通过四次转化（把一个圆分别等分成4份、8份、16份、32份），向学生渗透极限的思想。接着，就向学生提出了这样一个问题："你能推导出圆的面积吗？"

片断3：认识乘法

在"认识乘法"课上，一位青年教师为了创设情境，用投影放映情境图后提问："小朋友们，仔细观察一下，图上画了些什么？"课堂上立即热闹起来。学生1：图中有小鸡，还有小白兔在野外玩。学生2：图中有房子、大树和草地。学生3：图上还有小桥、流水。学生4：水中还有小鱼在游呢。学生5：我看到了蓝蓝的天空，天上还飘着几朵白云……就这样你一句我一句，15分钟过去了同学们还意犹未尽。

以上三个片段中，教师的提问都存在一些缺陷。那么，有效的课堂提问要注意什么呢？

1. 注重问题的思维含量

注重问题思维含量是指：所问问题要目的明确，设计有思考价值的问题。在问题设计时，教师不仅要考虑提什么样的问题，还要考虑为什么提这样的问题；使每一个问题既为活跃学生的思维服务，又成为完成本课教学任务的一个组成部分。问题的设计可以从培养学生的感知能力、分析综合能力、比较能力、抽象概括能力和创造想象能力等几方面入手。使提问具有较好的启发诱导性和清晰的层次性。学生要解决的数学问题应该具有挑战性。

此外，教师要从学生发展的角度出发，提供出接近学生已有知识、经验、智能水平，但又必须"跳一跳"才有可能够到的问题。目的是使学生有调动自己"技能"储备的愿望，展示自己"才华"的机会，锻炼自己"意志"的体验。

教师在课堂上留有一定的探索空间，有助于学生思维能力的锻炼，而且会让学生养成积极思考的习惯。

对片断1中提问的分析：学生看到教师的演示，心里都很明白，就会一齐说："与半径有关。"像这样的提问，实际上教师已经告诉学生答案，提问只是表面的，为了追求热闹的场面，表面轰轰烈烈，实则空空洞洞。对片断1的提问的改进建议为：让学生先猜一猜圆的周长与什么有关呢？你能想办法验证吗？例如：滚动法：两个直径不同的圆滚动一周，发现直径长的，圆周长就长，直径短的，圆周长就短；绕绳法：用绕绳来证明直径与周长的关系。

问题有效性的体现有利于激发学生自主探究的欲望，具有一定的挑战性；能调动学生的思维积极性。学生就会想出各种各样的方法来说明圆的周长与圆的直径或半径有关。

2.问题要有恰当的思维空间

设计提问时从学生的学习认知水平和数学学科的特点以及课堂教学40分钟的限制出发，要善于设计恰当的问题空间（要有一定的指向）。

从发展学生的思维出发，提倡提"大"问题（要有一定的空间）。教师在课堂教学中要处理好问题"大"和"小""多"和"少"的关系，才能使数学课堂促进学生知识技能形成，促进数学思考和问题解决，有利于健康情感的培养。

对片断2中提问的分析：片段2中教师提出的问题过大，不具有引导的作用。在实现了将圆的面积转化为近似长方形以后，教师应引导学生观察、比较、分析。该提问可将问题分成三个小问题：①圆的面积与拼成的近似的长方形的面积有什么关系；②拼成的近似的长方形的长相当于圆的什么；③拼成的近似的长方形的宽相当于圆的什么。

这样的提问符合绝大多数学生的实际水平和认知能力。在课堂教学中设计的问题难易和深浅要适当，过难过深，会使学生丧失回答问题的信心，过易过浅，则不利于学生智力的发展。

3.问题要有"数学味"

数学课堂问题要围绕数学课的教学目标，在预设数学问题时，往往与创设的数学问题情境有关，数学情境的创设就应该服从于问题设计。必须处理好问题情境和问题的关系。

上述片段3中，课本中的情境图本身没有问题，但教师的提问设计有问题。

例如，片段3中的提问可设计为：①小朋友们，图上有几种动物在野外活动？它们是怎么活动的？②你能告诉老师图上有几只小白兔和几只小鸡吗？说说你是怎么知道的？

这样能很快将学生引入数学学习的情境之中。

在进行提问设计时还要正确处理预设问题与问题生成的关系。课堂进程往往围绕一些"大问题"来展开，有许多提问是可以预设的，但也有许多问题是在课堂里动态生成的，例如探究型的课堂。

强调问题的生成性，并不等于教师不要预设，而是强调更多的预设，在备课时应该预设学生学习的活动过程，预计学生在活动过程中可能生成的问题。

要研究的是如何预设得不留痕迹，如何在教师高超的预设下，使学生感到自己的主动创造有很多。优秀的课堂教学活动，应该是不断提出问题，解决问题，同时又是生成问题的过程。

教师在进行教学设计时，应对提出的问题反复推敲，做到少而精。一般来说，在一节课中，教师提问不宜过多，以提 3 ~ 5 个能真正促进学生思考、反映教学重点的关键性问题为宜。

四、练习的设计

数学练习是一种有目的、有组织、有指导的数学学习实践活动，是学生将所学的数学知识转化为数学技能、技巧，形成数学能力的途径和手段。小学数学课堂中的练习常见的有：准备性练习、理解性练习、巩固性练习、运用性练习、形成性练习、综合性练习、创造性练习等。

（一）练习的功能

数学练习在教学中有以下几项功能：

第一，使学生进一步加深理解和掌握数学知识和技能。

第二，提高学生的数学思维能力和分析问题、解决问题的能力。

第三，促进知识迁移，提高学生的数学应用能力。

第四，有助于及时反馈信息，让教师了解学生学习的情况，检查教学效果，及时纠正学生的错误。

（二）练习设计的原则

由于数学练习的功能主要是促进和加深理解，进行学习迁移和反馈教学效果。因此，在进行数学练习设计时，有以下一些原则：

1. 目的性原则

练习设计必须要有明确的目的，要根据数学课程标准和数学教科书的要求，选择和设计练习，通过做练习使学生理解和掌握数学概念、定理、公式和法则，达到预期的教学目标。

2. 层次性原则

数学练习必须有层次，有坡度，编排时由易及难、由浅入深，循序渐进、逐步提高。数学练习一般有以下几个层次：

（1）模仿

与例题类型和难度基本相同的题目，通过练习提高数学知识和技能掌握的熟练程度。

（2）变式

本质特征和例题相同，非本质特征与例题不同的题目。这类练习有利于把握概念的关键特征，加深对数学知识的理解。

（3）灵活

通过综合和灵活运用数学知识才能解决的问题。这类练习主要用来提高学生的综合能力和分析解决问题的能力。

（4）创造

这是一类带有思考性和创造性的问题，也是需要通过创造性思维才能解决的问题。通过这类练习有利于培养学生的创新精神和创造能力。

五、小结的设计

小结是在完成一个数学内容或活动时，对内容进行归纳总结，使学生对所学知识形成系统，从而巩固和掌握教学内容的教学行为方式。

小结的方式有很多，小学课堂教学中常用的有：

1. 归纳式小结

这是最常用的小结方式，通过教师或教师与学生的共同讨论，对一节课的主要内容和数学思想方法进行系统的总结概括和归纳，帮助学生理清思路，巩固所学的知识。

2. 比较式小结

这种方式是在小结时，比较该节课所学知识的异同。可以以教师为主进行比较，也可以由学生主动进行比较。这种小结方式能再次激发学生的学习兴趣、启发思维，有时也可弥补教学中的不足。

3. 规律式小结

这种方式的小结，将该节课所学知识形成一种整体，使学生对知识形成系统的结构。

4. 讨论小结

在进行小结时，教师根据本节课的教学内容及前面学过的知识，提出一个能深化理解，掌握概念和技能的问题，让学生去讨论，教师不要给出判断，让学生思维自由展开，这样的小结有益于发展学生的思维。

这一节中所探讨的各种教学活动的设计以及教学案例中，可以看到教学活动设计是一种教学艺术，艺术的生命在于创造，需要教师在教学实践中不断探索，不断创新。

第二节　小学数学教学媒体的选择与设计

一、翻转课堂

（一）翻转课堂的定义

这个术语是从英语"Flipped Class Model"翻译过来的，通常被称为"反转课堂式教学模式"。传统的教学模式一般是老师在课堂上把知识讲解清楚，布置些相关的课后作业，学生利用课后时间巩固练习，老师再定期批改。"翻转课堂"教学模式的课堂形式与传统的课堂有着根本性的区别，学生可以利用一切空闲时间在线上学习知识，而课堂成为老师学生之间和学生相互之间互动的场所，包含答疑解惑、知识的运用等，来达到更好的教育效果。

那么何为翻转课堂呢？就是教师或课程组事先录制好教学视频，学生利用任意空闲时间、任意地点学习老师的视频课程，是所谓线上。还有线下现场课堂，就是师生面对面地进行交流，老师不再是复述视频上的知识点，而往往给学生布置一些小项目作业。

（二）翻转课堂的特点

"翻转课堂"教学模式需要大规模借助计算机及网络通信来支撑，随着科学技术的提高，计算机及网络变得愈加成熟，费用越来越低，加之信息技术在教育领域的迅猛推广，为翻转课堂变提供了物质基础，一些想法和理念也变得可行了。学生不再需要依赖某个老师的课堂授课，可以通过互联网检索到优质的教育资源。而课堂和老师的角色变得不同以前了。老师更应该思考的是去发现学生在学习中可能碰到的问题，引导学生去解决问题，培养学生运用知识的能力。

用视频教学在多年以前就出现了，并广泛使用过。在20世纪50年代，世界上很多国家所实行的广播电视教育就是明显的证据。为什么当年所做的探索没有对传统的教学模式带来多大的影响，而"翻转课堂"却备受关注呢？这是因为"翻转课堂"使视频教学内涵得以拓展，具有这几个鲜明的特点：

1. 教学视频更简明扼要

教学视频都需要符合一个特征，那就是简明扼要。大部分视频都只有几分钟的时间，长一点的视频也只有十几分钟。每个视频都有一个特定的主题，针对性强，按知识点检索起来既准确又方便；视频的长度一般较短，根据学生身心发展特征，长度控制在学生注意力非常集中的一段时间范围之内；通过网络发布的视频，具有暂停、回放等多种功能，可以自我调控，对学生的自主学习很有利。

2. 教学信息清楚明确

视频中不会出现老师整个身影，只能够见到他写字的手在陆续地画出一连串数学符号，伴随着配合书写同步讲解的声音，逐渐满整个电脑屏幕。用这种方式，看起来并不像站在讲台上讲课，让人感到暖心，就像一起坐在一张桌子面前，一起学习，并书写知识在一张纸上。这体现了"翻转课堂"的教学视频与一般的教学视频的不同。这种理念非常有效，因为视频中出现的无关物品，例如背景里摆设的各种物品甚至教师的身影都对学生注意力的集中有很大的影响，尤其是学生在自主学习缺乏监督的情况下，更容易走神。

3. 重新建构学习流程

在传统教学模式下，学生的学习可以划分成两个阶段：首先是"信息传递"阶段，该阶段往往通过课堂教学的方式让教师传授知识给学生，学生与学生之间也可以互动来加强学习；接下来进入第二个阶段，即"吸收内化"阶段，这个阶段老师无法参与，往往由学生利用课后时间自己去完成。在"吸收内化"阶段时，没有教师的参与和同学提供的帮助，学生常常会感到艰难，失去学习的动机和成就感。

"翻转课堂"重构了学生的学习过程。学生在现实课堂前完成"信息传递"阶段，在该阶段中，教师单单提供视频给学生学习，同时能够在线上辅导学生；而"吸收内化"阶段改在现实课堂中完成。由于学生有了一定的基础，教师能够迅速掌握学生在学习中碰到的问题，在课堂上有针对性地进行解答，同时，学生之间互相讨论也对学生知识的吸收和内化有着巨大帮助作用。

4. 复习检测方便快捷

在视频同页面上设置几个小问题，用于学生在观看完教学视频之后，帮助其检查是否理解了视频的内容。通过这种即时性质的检测，学生对自己的学习情况有一个大致的了解。如果存在有问题回答不出的情况，学生可以退回到相应知识点再学习一遍，这样带着问题去学习是非常有效的。同时学生做线上作业的情况，可以及时上传到云平台或后台，老师进行汇总处理后，可以掌握学生的在线学习的基本情况。此外，教学视频还有一个好处，在一门较长课程的学习后，学生往往忘记前面知识，而翻转课堂视频就方便了学生之后的复习和巩固。评价模式的转变，技术的进步，使得学生在自主学习的环节有实证性的资料做支撑，对于老师了解学生起了事半功倍的作用。

（三）翻转课堂的实施步骤

1. 创建教学视频

首先，应确定课程目标，明确学生所具备的基础条件，确定视频需要讲到哪些内容和重点；接着查找相关视频或重新制作视频文件，同时必须考虑不同班级的专业背景差异；在录制视频过程中应该尽可能兼顾到大多数同学的想法，这样的视频课程更能与学生的学习方法和习惯相适应。

2. 组织课堂活动

在线上学生就已经通过课程视频学习了相关的课程内容，那么在现实课堂中应该做什么呢？翻转课堂成功与否在这一步非常关键，否则会回到传统视频课堂老路，课堂内教师应该组织高质量的学习活动，强化所学知识，让学生通过参与具体活动的方式来应用和激活其所学知识。这些活动形式不限，例如学生自己搭建内容；探索性活动；独立解决问题；利用项目驱动练习等。

（四）翻转课堂的优点

1. "翻转"让学生自己掌控学习

采用翻转课堂后，学生可以利用教学视频，合理安排时间和控制自己的学习。学生无须像在传统课堂上听老师集体授课那样神经紧绷，生怕有什么内容漏掉了，怕走神或没有听清而跟不上课程教学节奏。相反，学生在任意空闲时间和地点学习线上的视频课程时，可以在更加自在和轻松的环境中进行；视频的节奏和快慢都由学生自己掌握，对已经掌握的知识可以直接跳过去，对复杂难懂的地方可以倒退回去学习多遍，甚至任何时候都可以暂时停顿，进行深入思考或写笔记，也可以随时通过内嵌的或第三方聊天工具向老师和同伴寻求帮助。

2."翻转"增加了学习中的互动

翻转课堂让课堂的互动得以全面提升是其最大的优点，这个互动主要体现在学生与学生之间及师生之间的活动。

由于老师已经从内容的讲授者转变为学习者的教练的角色，所以教师能有更多的时间与学生进行交流，解答学生的提问，组织学习小组，参与师生互动，指导学生的学习。甚至，教师在查看学生完成作业情况时，会发有些相同的问题会困扰学生，于是可以把这部分学生集中起来，组成辅导小组，有必要时可以为这些有着同样疑问的同学另外开办小型教学讲座。这种讲座的最大好处是教师能第一时间对碰到难题准备请教的学生给予指导和帮助。

当教师更多的成为指导者而非内容的传递者时，也有机会观察到学生之间的互动。在现实课堂中教师巡视过程中会观察到学生在他们自己建立起的合作学习小组里非常活跃，学生们相互学习和借鉴，互相促进，教师从唯一的知识传播者中解脱出来。这种教学方法的确有神奇作用，学生们主动合作学习探讨方式会让老师充满信心。

当学生看见他们这种学习方式受到教师充分尊重时，他们通常会有所反应。他们会慢慢意识到教师在课堂上不是来下达指令的，而是对他们的学习进行引导。教师的目的不再是让学生机械接收知识，而是使学生成为自主的学习者，能更好掌握课程的内容。当学生看到教师就在他们身边和他们一起讨论问题时，学生会拿出最好的状态来回报。可能有的老师会有疑问，教师怎样如何让学生形成学习文化。这个问题的关键在于让学生明白他们的目标不是争取完成任务而是学习。因此教师的着眼点在如何使课程变得更有意义，而不是让学生只是感觉完成繁重的任务。

二、微课

（一）微课的组成

"微课"的组成部分较多，包含课堂教学小视频（课例片段）以及与该教学视频主题相关联的课件与素材、教学设计材料、教学反思、单元测试、教师点评及学生反馈等辅助性教学资源，这些因素以一定的组织关系呈现和营造出了一个具有主题的半结构化的资源单位的应用环境。因此，以往传统的单一教学资源，例如教学课件、教学课例、教学设计、教学反思、教学录像等作为为单独使用有其局限性，"微课"是在其基础上继承和发展起来，综合其优点的一种新型教学资源。

（二）微课的特点

1. 教学时间较短

微课的核心组成部分是教学视频。微课长度往往是依据学生的认知特性和学习知识规律来确定，一般时长较短，约五至八分钟左右，长的也不过十几分钟。所以，与传统课堂一节课四五十分钟的教学时长相比，"微课"可谓短小精悍，称微课为"课例片段"或"微课例"也不为过。

2. 教学内容短少，主题集中

传统课堂的主题内容比较宽广，而"微课"主题突出，问题集中，更符合教师的讲解逻辑："微课"内容主要集中于课堂教学中某个学科知识点，例如教学中的难点、重点、难点、疑点等的教学，抑或针对课程中某个教学点、教学主题进行的教学活动。有别于传统一节课要面对繁杂得多、主题还可能分散的课程内容，"微课"的涉及的内容更加精炼，"微课堂"也由此而来。

3. 资源容量较小

从物理存储容量角度来说，"微课"视频资源加上配套的辅助文字资源的总共大小一般控制在几十 M 上下，视频由于需要支持在线播放，格式需要采用流媒体格式形式，例如 rm，wmv，flv 等，这样学生可以随时在合适的场合在线观看微课视频，学习教案、课件等辅助材料，并且，如果有必要的话，还可以将资源直接下载下来，方便他们移动学习、随处学习。对于教师而言，也方便了教师之间进行观摩、研究、评课、反思等。

4. 资源组成、结构"情景化"

具有结构的资源使用起来才方便。一般"微课"里的教学内容要求主题集中，有统一方向，构成一个完整小体系。它以这些短小教学视频为中心，"统筹"教学设计、教案、在线课件、多媒体素材、学生的反馈意见、教师课后的教学总结及相关学科课程组的点评等教学资源，共同组成了一个具有明确主题、表达形式多样、结构化的"主题单元资源包"，以一个仿真的"微教学资源"模拟环境呈现在学生面前。"微课"资源符合视频教学案例的特征。学生们身处这种具体的、典型案例带动的教与学情景中，感受非常真实，容易学习到高阶思维能力，例如"默会知识""隐性知识"等，更容易让教师达到教学观念、风格、技能的模仿和迁移，快速转化和提升教师的课堂教学水平，进一步促进教师的专业提升，促进学生知识水平的提高。微课的出现对学校教育来说也有莫大好处，微课是这门课程的重要教育资源，学校教育教学目标改革可以以微课模式作为基础。

5. 主题突出、内容翔实

一个微课程就做一件事，集中于一个主题上；专门研究来自教学实践过程中碰到的实际问题：或是强调重点，或是难点突破，或是生活体会，或是学习方法，或是教学总结、教学思想、教育观点等，都是具体的、真实的主题，是老师和学生都可能碰到的问题。

6. 成果简化、方便传播

因为微课主题明确，内容非常具体，因此，研究内容方便表达、研究成果以一种更直观的方式体现出来；由于课程用时少，容量不大，所以传播方便，可以借助网上视频等多种传播形式。

7. 反馈及时、针对性强

在这种微课教学模式下，由于评价活动可以在网上进行，避免现实中尴尬局面，制作方就能及时听到学生对自己教学过程更为客观的评价，获得更为真实的反馈信息。由于微课可以达到课前的组内"演练"，谁都可以参与进来，学生互相帮助，共同提高，这让老师的心理压力有一定程度的减轻，不用过于担心教学的"失败"，学生也在评价时不必害怕"得罪人"，这明显比传统的评课方式要客观得多。

三、虚拟现实在小学数学教育教学中的创新应用

（一）虚拟现实的定义及基本概念

虚拟现实（Virtual Reality，简称 VR）技术是借助多传感交互技术、三维图形生成技术，利用现代显示技术，显示出三维的虚拟环境，体验者借助键盘、鼠标、操作柄等输入设备，甚至戴上更先进的配套传感设备，如头盔、数据手套等进入虚拟现实，置身于虚拟环境中的个体可以与环境中的各种虚拟对象进行实时交互，能够感知各种对象并进行操作，获得身临其境的感受和体验。

虚拟现实技术具有很强的代入感，具有沉浸感、交互性和想象力等特征。

尤其是在实验教学中，学生可以扮演虚拟环境中的主角身份，感受虚拟环境中的物体，对其进行操作改造等，并从虚拟环境中获得直接的自然的反馈。当学生完全置身于神秘的多维信息空间中时，能够主动地获取知识，寻找答案，形成新的概念。

虚拟现实技术以其革命性的超强感知体验与诸多无可替代的优点奠定了其在教育领域中的重要地位。一是，虚拟现实可以减少真实实验中的贵重实验用品的浪费，规避具有危险性的真实实验或操作中潜在的安全隐患；二是，通过虚拟实验中可以达到最接近真实实验的学习效果，并且可满足实验教学发展新的需求，"制作"新设备，不断发展壮大虚拟环境的功能和设备。三是彻底打破空间与时间的限制。总之，虚拟现实技术把现代多媒体技术、传感技术和计算机网络与信息技术有机结合，在一些实验教学领域能发挥出巨大的优势，提升效果与效率。

（二）虚拟现实在教学中的应用

虚拟现实是在计算机中构建出一个形象生动的模型。人除了可以看见模型外，在高端的虚拟系统中，还可以与该模型进行交流，获得接近于真实世界中的感知反馈信息，这非常接近于真实世界中的体验。虚拟现实在三个方面具有巨大运用前景。第一个，构造当前不存在的环境，即合理虚拟现实，例如飞机驾驶舱；第二个，模拟人类不可能进入的环境，例如地核，即夸张虚拟现实；第三种，构造纯粹虚构的环境，例如神话里的天界，即虚幻虚拟现实。尤其是在需要搭建耗资过大的真实环境时，就可以利用虚拟现实技术以代替我们的需求。

在教学方面，虚拟现实可以大显身手。可以应用虚拟现实进行仿真演练、游戏化、探索性教学。当教师试图把一些系统的内部结构和运作动态展现给学生时，可以借助简单成熟的虚拟现实技术，为学生营造一种身临其境的体验环境，方便他们观测和学习，这无论对自然物理学科还是社会学科都有积极的现实意义。搭建教学模拟环境的首要任务是对真实世界中被模拟对象进行建模，然后借助计算机程序来表达此模型，通过运算和辅助设备得到输出。这些输出就是我们所需要的，能够较为形象和粗略反映出真实世界的特征和行为。借助虚拟现实的教学事实上是一种含金量非常高的CAI教学模式。

当然，现阶段受到目前技术及经济可行性的限制，在教学中的应用的虚拟现实技术还处于一个比较初级的阶段，比如 3D 环境展示等，这些虚拟现实技术大部分属于桌面级的。所谓桌面级虚拟现实是利用普通计算机和外围辅助设备进行虚拟模仿，用户通过计算机的显示屏来观察虚拟环境，更进一步地用各种外围辅助设备来操纵虚拟环境中的各种物体和切换角色。常见的外围辅助设备包括鼠标、操纵柄、追踪球、力矩杆等。参与体验的人借助位置跟踪器加上一个类似于鼠标、追踪球等的手控输入设备，通过计算机显示器来 360 度地观察虚拟环境，并可以模拟操控环境中的物体。不过这种虚拟现实中体验者仍然不可避免受到现实环境中的各种干扰，无法真正全身心投入其中。缺乏完全投入的体验是目前桌面级虚拟现实技术的最大弊端所在，优点是有着相对低廉的成本，方便推广。

（三）虚拟实验室的实现

虚拟现实技术还可以用来制作方便学生进行虚拟实验的实验系统，即虚拟实验室，包括与现实实验室相对应的虚拟实验室环境、所需的实验设备器具、信息资源和实验对象等。在虚拟现实搭建的实验室中，学生进入实验场景，面对计算机建立的三维的模拟，能够从不同的视角观察一个实验对象，借助鼠标或操作柄进行选择或拖曳等操作与虚拟实验中的物体进行一定的互动。

1. 仿真实验

在实验教学中借助数字化的仿真科技可以搭建虚拟实验室教学系统，一套完整的虚拟实验教学系统由前台和后台组成，后台实现实时仿真，前台是通过多媒体展现的虚拟化操作环境。

目前的仿真软件很多，如 EASY-T、Cadance、Mentor、MatLab、VT-LINK3.3、OpenGL、MultiGen、SPW、LabView 等。这些工具各有特长，在搭建虚拟实验时，应根据当前条件和需求，选择相应的仿真开发工具。

2. 支持技术

现在 VR 技术发展非常迅猛，就目前来说，国内外对虚拟实验室的开发一般采用以下几种方法：

（1）Java+VRML 组合

Java 因为其强大的跨平台特性，成为开发应用软件的主要工具，是一种纯粹的面向对象的开发工作。VRML 功能是对虚拟环境里各种对象的特征进行建模和描述，是用于虚拟现中的实建模语言。采用 JAVA+VRML 混合编程是实现较复杂动态场景控制等高级交互功能的有效方法。这种开发方式成本较高，要求客户端提供类似于感应头盔、触觉手套等大量的专业的设备，加之要能跑起 VRML，也要求计算机具有很高的性能，所以搭建基于 VRML 的虚拟实验是一个较为复杂和开销比较大的过程。

（2）ActiveX 开发控件

微软公司为适应现代网络需求的迅猛发展，将 OLE 技术在 Internet 重新定义，这就是 ActiveX 技术的由来。代码可复用性在开发虚拟实验室过程中非常重要。可以利用现有的 VB、VC++、Builder、Delphi 等支持 COM 规范的任意开发工具来开发 ActiveX 控件。但是 ActiveX 没有良好的移植性和通用性，因为其只能在 Microsoft Windows 的操作系统平台上运行。

（3）QuickTime VR 技术（QTVR）

QuickTime VR 是基于静态图像处理的实景建模技术，也是虚拟现实技术。该技术利用离散数据例如数字图像、照片、数字图像、录像等来搭建三维空间及三维物体的造型，构造虚拟环境，能达到全方位观察的效果。使得感觉更真实、图像更丰富、细节特征更鲜明。QTVR 具有制作简单、开发周期短、有较强的可控性等优点。

（4）使用 FLASH 进行开发

FLASH 是采用矢量图形进行开发的系统，具有容量小，缩放不变形，有良好的兼容性，能直接嵌入 Action Script 脚本等优点。而且 Flash 具有功能强悍的工作组，可实现自动对 Flash 网站的数据驱动进行更新，这样为程序员节约了大量的开发时间。因此，目前来说 Flash Action Script 是用于开发网上教学虚拟实验室的简单实用平台之一。

（四）虚拟现实技术在教学中的优势

在学校现有的条件下，一些针对大型机械设备如电站设备、航空设备、核能设施、数控机床，还有一些非常昂贵的精密仪器设备等开始的实验课，例如操作与维护拆装等实验，几乎难以实现进行实物操作，这些物品要么过于昂贵，要么出于保密原因不面向民用，即便一些学校有这种实验室的资源，维护这些设备的开销也非常大。另外，很多实验室带有一定危险性。虚拟现实技术在这里可以大显神通，能较好解决实验能提供的条件与要达到的实验效果之间的矛盾。在进行实验时，假如要用到较多昂贵的实验器材，或者损耗巨大，出于成本的因素，学校无法大规模采用，借助虚拟现实技术，建立起仿真虚拟实验室，学生就可以利用这个虚拟实验室进行仿真实验，身临其境，模拟使用虚拟仪器设备，通过虚拟实验室系统来衡量学生的操作结果，提示其正确或错误所在，把相关结果反馈给老师。这种仿真虚拟实验不受场地和外界环境的限制，不会浪费器材，更不会造成昂贵设备的损坏，关键是实验效果不理想时，学生可以反复地实验，直至通过为止。虚拟现实实验室还有一个无可替代的巨大优势，就是其有绝对的安全性，不可能发生人身伤害事故。

将虚拟现实技术应用于教育对教育事业的发展具有划时代的意义。它营造了"自主学习"的环境，改变了"以教促学"的传统学习方式，通过虚拟现实来学习，学生通过自身与信息环境直接作用来学习知识，掌握技能，这是一种新型的学习方式。虚拟现实技术中，学生感受到生动、立体、传神的环境，获得直观的虚拟体验，无论针对什么科目，都能提升学习者的学习效率，学生能获得更为深刻和巩固的知识。比起抽象而空洞的说教，学生亲自参与，亲身感受有效得多，因为被动的灌输与主动地去交互有着质的区别。利用虚拟现实技术，可以短时间内搭建成本低廉的各种虚拟实验室，这是传统实验室不可能达到的。具体来说，其优点主要如下所述：

1. 节省成本

所说的成本包括时间成本和资金成本。不少科目的实验经常都由于时间、场地、经费、设备等软硬件的限制无法真正实施。借助虚拟现实实验系统，学生无须鞍马劳顿便可以进入所需的虚拟实验室，感受最接近于真实实验的体会。在能获得不错的教学效果的前提下，人力成本和物力资源消耗都非常少。

2. 规避风险

现实生活中，有些真实实验或操作具有危险性，或者资源耗费过于巨大，虚拟现实在这方面有着巨大需求，学生利用虚拟现实技术在虚拟实验环境中不必害怕受伤，能放心地去完成带有危险性的实验。例如：虚拟环境下的船舶轮机教学辅助系统，可以防止学生误操作导致人身伤害事故的发生，并且避免了昂贵的主机和电站等贵重设备的损毁。

3. 打破空间、时间的限制

随着计算机硬件设备价格越来越亲民，虚拟现实技术正在不断发展，技术越来越成熟。虚拟现实技术有着强大的教学优势和发展潜力，在不久的将来将会逐渐受到教育界的重视，会获得众多教育工作者的青睐，将广泛应用于教育领域，并发挥独特而实效的重大作用。

第三节　小学数学教学形式的设计

数学教学活动的展开需要一定的教学形式，教学形式是指教学活动中教师与学生为实现教学目标所采用的结合方式。在这一节中，先介绍数学教学的形式，然后就数学教学形式的选择与组合，以及数学教学设计方案的编制进行讨论。

一、数学教学的形式

教学形式指教学活动中教师与学生为实现教学目标所采取的结合方式。常用的教学形式有三种：

（一）全班学习

全班学习是教师按照课程标准、教学计划的要求，把教学内容统一进行传递的教学活动，全班学生在教师指导下统一进行学习。

这种教学形式的优点是教学效率高，能在规定的时间内学习较多的内容；同时接受教学的面比较广，具有规模效益。其局限性是学生的学习比较被动，主体作用不容易充分发挥，基本上按照教师安排的进度进行学习，难以适应学生的个别差异，也不利于发挥学生的创新精神和培养学生的实践能力。

（二）小组学习

小组学习是目前世界上许多国家普遍采用的一种富有创意的教学理论与方法。小组学习就是以合作学习为基本形式，充分利用教学中动态因素及师生、生生之间的互动，促进学生的学习，以团体的成绩为评价标准，共同达成教学目标的教学活动。

这种教学形式的优点是根据教师与学生、学生与学生面对面密切接触和相互交流的机会，有利于情感领域教学目标的实现，有助于学生表达自己见解的能力。其局限性是要使小组成员都能积极参与，并且讨论取得效果有一定难度，教学进度也不容易控制。

（三）个别学习

个别学习是适应学生个别差异，发展学生个性的一种学习方式。它要求教师从学生的个别差异出发，对学习内容所涉及的各种因素、各个环节进行重新组织和调整。

这种教学形式的优点是能发挥学生的主体作用，有利于学生学习能力的培养，使程度不同的学生能根据自己的水平，决定学习的内容和进度，选择相应的学习条件，提高学习的效益。在这种教学形式中，教师可以对不同的学生进行不同的指导，学习的时间和空间灵活性大。其局限性是不利于学生与学生之间的相互交流。

从上面的分析来看，这三种教学形式都有各自的优点和局限性，在设计数学教学方案时，要注意扬长避短，相互组合，相互弥补。

二、数学教学形式的选择与组合

从目前小学数学教学的实际情况看，虽然教师已经开始注意全班学习、小组学习和个别学习的相互结合，但是相对来说全班学习比重还是过大，小组学习往往流于形式，个别学习尚未引起充分重视。因此，在进行数学教学设计时，必须改变这种现状，要加大小组学习和个别学习的比重，增加学生参与课堂学习的机会。

下面几种做法也可用作教学形式选择与组合的参考：

第一，在一些数学命题教学和问题解决教学过程中，采取先个别学习，后小组学习，再全班学习的形式。

例如，教学开始时由教师或师生共同提出问题，留出一段时间给学生独立思考，让学生每人都在纸上画画算算，尝试解决问题。然后学生分小组进行讨论，让每一个学生用语言表述自己的思考过程和思考结果，再在教师组织下，全班进行讨论、修正，教师适当进行一些讲授，最后师生共同进行小结。

第二，在一些以训练数学技能为中心的教学过程中，采用先全班学习，后个别学习，再小组学习的形式。

先全班学习，如教师举例讲解数学基本技能的要点，个别学生进行示范演算，然后进行个别学习，让每一个学生独立进行练习，通过练习掌握数学基本技能。在此基础上，分小组进行相互交流，每个人在小组里表达自己的见解和结果，相互纠正错误，最后师生共同进行小结。

选择数学教学形式的关键是思考，哪一种教学形式的哪些侧面可以实现什么样的教学目标，可以取得什么样的教学效果。

三、数学教学设计方案的编制

在完成一系列教学设计工作的基础上，编制数学教学设计的方案。数学教学设计方案既是教学设计的总结和书面的记录，又是课堂教学的主要依据。根据数学教学设计的过程，数学教学设计方案应包括以下几项内容：

（一）学习类型

在对教学内容进行分析的基础上，写出本课时的学习结果和形式的类型。之后应该进行学习任务分析，确定学生起点能力转化为终点能力所需要的先决技能，明确学生学习本课前所要掌握的知识和技能。

学习内容的分析一般的教案都不写。主要原因是教师在备课时根本没有进行分析。实际上这部分内容是很重要的，是数学教学设计的基础，如果没有进行这些方面的分析，就不可能对数学教学内容有深刻的理解和掌握，也不知道原有知识、技能方面的起始状态，因而也就不可能设计出好的教学方案，而且通过书写教学内容的分析，还可以为下面书写教学过程提供更明确的依据。

（二）教学目标

根据不同教学内容和要求达到的水平明确写出该节课的课时教学目标，确定该课时的教学重点和难点。

（三）教学过程

根据教学设计的结果具体写出教学过程，包括以下几个方面：

1. 教学步骤

按照教学过程，结合教学内容呈现的先后顺序，写出教学的步骤，即"先做什么，后做什么"。对一些需要小组学习和个别学习的教学步骤应特别加以说明。

2. 教师活动

对每一个教学步骤写出教师活动的内容和方式，即"教师做什么，怎么做"。

3. 学生活动

对每一个教学步骤写出学生活动的内容和方式，即"学生做什么，怎么做"。

4. 教学媒体

说明哪些教学步骤需要使用教学媒体（教材、教学语言、板书等除外），教学媒体的种类、使用的要求，即"使用什么教学媒体，怎样使用"。

5. 教学后记

教师在课堂教学结束后用精简的语言写出自己的教学体会、经验、教训，以及对这堂课的简要评价。

教师在备课时如果能常常向自己提出一些问题，并且把它写下来，那么往往一份数学教学设计方案便可以应运而生了。这些问题可以是：

第一，本节课的教学目的是什么？它的重点、难点和关键点是什么？

第二，为什么要学习这个新内容？其实际背景、与先前内容的联系是什么？

第三，学生要具备什么基础？学习这个内容需要哪些先决技能？学生可能有什么障碍？如何帮助学生克服这些障碍？

第四，新的学习内容中蕴含了哪些数学思想方法？在教学时如何渗透这些数学思想方法？

第五，何时提问学生？提问的目的是什么？用什么方式提问（全班提问还是面向部分学生提问）？

第六，选用什么例题、习题（含课堂练习）？目的是什么？

第七，选用什么样的教学媒体？在教学中如何激发学生的兴趣？

第八，有哪些教学环节？各个教学环节所需要的大致时间是多少？

第九，应联系哪些章节进行练习巩固？应为后续学习埋下什么伏笔？

对于新手型教师，这样的自我提问有助于数学教学设计方案的编写。

第四章 小学数学教学的实践

第一节 小学数学教学原则

一、科学性与思想性相结合的原则

科学性与思想性相结合的原则是指在教学过程中要以正确的方法向学生传授科学的数学知识，并结合教学内容，对学生进行爱国主义、社会主义、辩证唯物主义思想和科学世界观的教育。

教师贯彻这一原则时：一要保证教学的科学性，使学生学到科学的数学知识和正确的计算方法；二要注意挖掘数学教材中所蕴含的思想因素，结合数学知识的传授，对学生进行思想品德教育。

二、严谨性与量力性相结合的原则

严谨性是数学的基本特点。所谓数学的严谨性，是指在数学结论的叙述必须准确，对结论的论证必须严格、周密，要将各个数学内容组织成一个严谨的逻辑系统。量力性是指量力而行，指学生的可接受性，亦即数学教学内容的深度与进度必须适合学生的探索能力、认识能力、理解能力、接受能力、思维发展水平及年龄特点。

在具体的小学数学教学中，教师主要通过下列各项要求来贯彻严谨性与量力性相结合的原则：教学要求应明确、恰当；教学过程要逻辑严谨、思路清晰、语言准确；教学安排要有适当的梯度，要在研究学生的年龄特点、个性特点、智力、能力水平方面下功夫。《数学课程标准》要求小学数学教学一方面要面向全体学生，另一方面要顾及学生个体的差异性。这一对矛盾使得教师在贯彻严谨性与量力性相结合的原则时有一定的难度。在强调严谨性时，教师不可忽视学生的可接受性；在强调量力性时，教师不可忽视学科内容的科学性。只有将两者有机地结合起来，才能促进教学质量的提高。

三、理论与实际相结合的原则

理论与实际相结合的原则是指教学要以学生学习数学基础知识为主导，学生从理论与实际相结合的角度理解知识，并运用所学的知识去分析问题和解决问题。

理论与实际相结合既是认识论与方法论的基本原理，又是教学论的基本原则。理论与实际相结合的原则要求教师在小学数学教学中要尽可能地从学生所熟悉的生活和其他学科的实际问题出发，进行比较、分析、综合、抽象、概括，得出数学概念和规律，使学生受到把实际问题抽象成数学问题的训练。这样做不仅有利于学生理解概念和法则，而且有利于学生提高运用数学知识的能力，有利于学生通过解决实际问题的过程，做到学以会用、学以致用。

四、抽象与具体相结合的原则

抽象与具体相结合的原则是指在教学中通过学生的观察，或教师的形象描述，学生对所学事物、过程形成清晰表象，丰富感性知识，从而能正确理解数学基础知识和发展认识能力。

高度的抽象性是数学学科的基本特点之一。数学以现实世界的空间形式和数量关系为研究对象，所以，数学将客观对象的所有其他特性抛开，只提取其空间形式和数量关系进行系统的、理论的研究。因此，数学具有比其他学科更显著的抽象性。这种抽象性还表现为高度的概括性。一般来说，数学的抽象程度越高，其概括性就越强。数学的抽象性还表现为广泛而系统地使用了数学符号，这是其他学科所无法比拟的。

抽象与具体相结合的原则要求教师在小学数学教学中注意借助画图、线段图来帮助学生理解所学的知识内容，注意运用投影仪、幻灯、电视机、多媒体等现代化教学手段进行直观教学。

五、循序渐进原则

循序渐进原则是指教学要按照学科的逻辑系统和学生的认识发展的顺序进行，使学生系统地掌握基础知识、基本技能、基本思想方法和版本活动经验，形成严密的逻辑思维能力。

教师贯彻这一原则时，一要按照小学数学教材进行系统教学；二要抓住重点，分散难点，保证学生掌握正确的数学知识。

六、巩固性原则

巩固性原则是指教学要引导学生在理解的基础上牢固掌握知识与技能，能将其长久地保存在记忆中，能根据需要迅速地将其再现出来。

教师贯彻这一原则时：一要引导学生在理解的基础上巩固；二要重视组织各种复习，如章节复习、单元复习、期末复习等；三要精心设计各种类型的练习题，练习题不仅要有一定的数量，而且要有一定的质量。练习题在内容上，不但要有利于学生加深对基础知识的理解，而且要有利于其能力的提高；在题型上，要新颖多样，如选择题、填空题、简答题等。对于难度较大的习题，教师可先让学生相互讨论，再指名让学生回答。这样，学生通过反复练习，不但可以巩固课堂教学成果，还可以提高学生学习知识和运用知识的能力。

七、因材施教原则

因材施教原则是指教师要从学生的实际情况和个性差异出发，有的放矢地教学，每个学生都能得到最佳的发展。

教师贯彻这一原则时，一要根据年级的不同因材施教；二要针对学生的个别情况进行有区别的教学，使优秀者更优秀，学习有困难者有进步。首先，教师要采用各种方法激发学生的学习兴趣，满足学生的学习需求，做到寓教于乐；其次，教师要重视语言的作用，教学语言必须准确、简练，准确传递信息，深入浅出，生动形象；最后，教师要合理使用体态言语，在教学中，手势、眼神、动作等体态言语在沟通师生情感、传递信息时起着不容忽视的重要作用。学生对教师举动的观察具有独特的敏感性，教师的一个眼神、一个手势都有利于增进师生的情感交流，从而加速激活学生的认知活动，起到重要的教育作用。总之，教师要使每个学生都能在民主、和谐、愉悦而又紧张的课堂中学好数学。

八、精讲多练与自主建构相结合的原则

精讲是指要讲清、讲透教材的重点。教师对于教学重点，要讲清讲透；对于非重点内容，可以略讲；对于学生通过阅读可以理解、掌握的问题，可以不

讲。多练指的是在课堂教学中，教师应多给学生练习的机会并加以指导，引导学生通过练习达到理解、巩固所学知识和提高分析、解决问题能力的目的。

精讲多练与自主建构相结合的原则要求教师在小学数学教学中，一方面要讲清、讲透教材的重点和难点，另一方面要让学生经历"再发现，再创造"的自我建构活动。首先，教师在讲解前要布置预习题，引导学生带着问题阅读思考，要求学生动脑动手；其次，教师在讲解中要设疑提问，培养学生思考问题、分析问题的能力。

九、信息交流多向性原则

心理学家认为，教育像其他的社会过程一样，其成效依靠交往。在课堂教学中，教师不仅要建立师生间的双向交流，还应该建立学生与学生间的广泛的、多向的信息交流，尤其是当学生输入的信息量大于教师输出的信息量时，教学过程才能实现最大的效益。针对我国班级学生人数较多的情况，教师在教学中应采用以班级授课为主、小组合作学习与个别辅导相结合的形式。小组合作学习时，教师可根据学生的学习水平、智力、性别、性格的差别进行异质分组，以利于学生互相学习；可以寻求一个既利于学生个体获得成功又利于集体获得成功的活动方式；要既强调竞争，又强调学生间的合作；要使每个学生都能获得平等参与学习的机会，为每个学生提供充分发言的机会，尤其要鼓励学习有困难的学生发表自己的认识，要鼓励各组的学生相互帮助，他们属于同龄人，他们用自己的语言所进行的解释往往比教师的解释更易于理解。

十、教学方法整体优化原则

教师在设计课堂教学结构时，很重要的是要能根据不同的教学任务、教学内容和学生的实际情况，恰当地选择教学方法，并把它们有机地结合起来，做到教学时间用得最少、教学效率最高，达到教学方法整体优化的目的。选择教学方法时，教师除了要考虑常用的谈话、讲解、演示、练习、复习法以外，还要重视操作实验，注意充分利用现代信息技术，而且要尽量为学生设计多种性质的活动空间。

十一、信息反馈调控原则

在教学中，教师要重视信息的反馈，没有反馈，就谈不上调控，不能调控也就构不成系统。信息反馈是双向的。学生可以从教师的评价、要求中获得反馈信息,对于得到肯定的学习活动就强化,得到否定的学习活动就予以改正,从而主动调节自己的学习活动。教师可从学生的回答、作业、眼神、表情、行为乃至整个课堂气氛中获得反馈信息,随时检查自己的教学效果,调控教学进程。这样才能保证教与学沟通畅通,达到教学共振,师生心理同步,使教学过程始终处在一个动态平衡的过程中,促进教学过程的优化。首先,信息反馈要及时、准确。在一堂课中,教师要随时捕捉来自学生各个方面的反应,以便有针对性地教学。其次,信息反馈要全面、多向。教师要对不同水平学生的反应全面了解,还要在课前、课中和课后全面接受反馈信息。最后,信息反馈要经济、高效。经济是高效的前提。教师要充分提高课堂教学效率。不少教师创造了新的信息反馈形式,如用反馈板、反馈数字卡片、打手势等,使自己提出的每个问题能立即得到全班学生的反应,使自己从中获得大量的一手资料与信息,及时调控教学过程。总之,及时、全面而又经济地获取学生的反馈信息是设计课堂教学结构的重要原则。

十二、基础与创新相结合的原则

一个有效的数学教学模式、教学原则、教育理论,必须将基础与创新同时加以研究。没有基础的创新是空想,没有创新指导的打基础是傻练。基础要为发展服务,盲目地打基础、过度的练习是无效的劳动。以学生的发展为本,把数学"四基"和数学创新放在一起进行研究,找出适度的平衡,必将成为数学"四基"教学原则研究的指导思想。

综上所述,教学原则是指导教学工作的基本要求和一般原理,是设计教学过程、进行教学活动所应当遵循的行为准则。它是教学必须遵循的基本原则,因此,应贯穿于教学过程的各个方面和始终。

第二节 小学数学教学方法

一、教学方法概述

教学方法是指教师和学生为了完成一定的教学任务而在教学过程中所采用的方法和手段的总称。教学方法是教学思想的反映,是教学原则的具体化和行为化，随着教学思想的更新、教学目标和教学内容的变化而变化。

教学方法受教学思想的支配，又受教学目标和教学内容的制约。在小学数学教学中，对于同样的教材、同样的学生，同一位教师由于采用了不同的教学方法，便产生了截然不同的教学效果，这是屡见不鲜的。教学方法直接影响着学生数学知识的掌握、智力的开发、能力的培养、个性心理品质的形成。

教师在理解教学方法的含义时需要把握以下几个要点：

第一，教学方法是与方式、手段等范畴密切联系的一个概念。

第二，教学方法的采用与教师的教学风格和教学个性有关，其最主要的目的是完成教学任务。

第三，教学方法是一个结构性的概念，主要由教师的教和学生的学有机构成。

二、小学数学教学方法的分类

按照不同的分类标准，可以将小学数学教学分为不同的种类。

（一）根据运用教学方法的指导思想来划分

根据运用教学方法的指导思想，小学数学教学方法可分为启发式的教学方法和注入式的教学方法。

（二）根据学生获得知识的独立程度来划分

根据学生获得知识的独立程度，小学数学教学方法可分为教师进行较多的组织、学生的活动较少的教学方法，如讲解法、演示法、复习法；教师进行必要的组织、学生的活动较多的教学方法，如谈话法、讨论法、参观法、练习法；以学生的独立活动为主的教学方法，如阅读法、实验法、实习法。

（三）根据教学的层次来划分

根据教学的层次，小学数学教学方法可分为基本的教学方法、综合性的教学方法及创造性的教学方法。基本的教学方法主要有讲解法、练习法、谈话法、演示法、实验法、阅读法等，这些教学方法是小学数学教学方法体系的基础。综合性的教学方法是几种基本的教学方法的组合。例如，自学辅导法是阅读法、练习法、讲解法和讨论法的组合；引导发现法是谈话法、实验法、演示法和讨论法的组合。创造性的教学方法是教师在学习和模仿各种综合性的教学方法的同时，不断总结，有所创新，创造出具有自己个性特色的教学方法。

三、小学数学常用的教学方法

我国小学数学基本的教学方法有讲解法、谈话法、练习法、演示法、引导发现法、讨论法、阅读法、实验法、实习法、参观法等。以下是几种常用的教学方法：

（一）讲解法

讲解法是指教师运用口头讲解向学生说明、解释或论证数学概念、法则、规律的一种教学方法。

讲解法的作用是：教师能在较短的时间内给学生传授大量的、系统的文化知识，可以对学生进行思想品德教育，能对学生进行美感教育，能充分发挥教师的主导作用。

讲解法适用的对象是小学各年级的学生。

运用讲解法的基本要求如下：

1. 要运用规范的数学语言

教师要正确、清楚地阐明数学概念，运用规范的数学语言，不要随意用其他的语言取代数学语言。

2. 语言要简练易懂，生动有趣

教师在讲解时，语言要清晰、精确、简练，逻辑性强并有感染力；要注意学生的年龄特点，使学生听懂讲解的内容，并且印象深刻。

3. 注意新旧知识的联系

教师讲解新知识时，要选准与新知识密切联系的并作为其基础的旧知识，即要切实地复习那些在学生认知结构中与新知识最佳关系的生长点，以便由旧引新，促进学生知识的迁移。例如，讲"多位数的认识"时，教师要重点复习万以内数的读写；讲"相遇问题"前，教师要重点复习速度、时间与路程的关系。

4. 注意启发学生积极思考

讲解时，教师要了解学生原有的认知结构与现有的发展水平，努力创造最近发展区。

5. 注意运用分析与综合、归纳与演绎等思维方法

数学课的讲解与一般的讲述不同，它更注重对关键内容的分析与综合。一些定义、法则和规律都是由若干个部分组合而成的。因此，教师在讲解时要善于把整体划分成若干个组成部分，根据学生的认知基础排成由易到难的逻辑顺序进行分析，使学生逐个掌握，最后综合，达到解决问题的目的。例如，讲"两位数乘法（46×12）"时，先将其分成三个部分，即 46×2，46×10，92+460，最后综合得出乘数是两位数的乘法法则。事实上，要掌握数学知识是不能离开分析、综合的。

归纳是由个别到一般的推理，小学数学中的很多概念、法则、公式都是通过不完全归纳法进行讲解的。例如，教师在教学"加法交换律"时，先让学生计算以下几组题目：

3+6=9　　25+14=39　　120+180=300

6+3=9　　14+25=39　　180+120=300

3+6=6+3　　25+14=14+25　　120+180=180+120

然后，让学生通过观察比较分析异同，归纳得出：在加法中，交换加数的位置和不变，叫作加法交换律。

演绎是由一般到个别的推理。例如，学过四边形后，学习梯形的定义"只有一组对边平行的四边形叫作梯形"；或者，学了梯形后，学习等腰梯形的定义"两腰相等的梯形叫等腰梯形"。根据已学的法则、公式等对个别数学事实做出判断也是演绎。例如，把加法交换律运用于简便算法就是演绎。

归纳和演绎是讲解数学知识时不可缺少的思维形式。

6. 要恰当地运用板书

在讲解重点内容时，教师可以边讲边板书，也可以在讲解结束后总结时板书。板书要有目的，有计划，简明扼要，条理清晰，布局合理。教师的板书犹如一幅具有整体结构的蓝图，把课堂教学重点、关键，鲜明而又形象地印在学生的头脑之中，起着提纲挈领、画龙点睛的作用。

（二）谈话法

谈话法是指教师根据一定的教学目标、任务和内容，向学生提出问题，要求学生回答，在问与答的过程中引导学生获得新知识或巩固所学知识的方法。

谈话法的作用是：有助于教师了解学生的情况，便于因材施教；有助于教

师了解学生的思维过程和品质，便于训练、优化学生的思维；有助于锻炼和培养学生的综合能力；有助于师生之间情感的交流，以建立良好的师生关系。

谈话法的特点是教师根据学生已有的知识和经验提出一系列的问题，引导学生积极思考，从而达到使学生掌握新知识的目的。谈话法的精髓在于"启发"二字，即要把当前的新课题转化为学生认知中的矛盾，激发其求知欲，以此来推动教学过程的进行。谈话法有利于培养学生的逻辑思维能力和语言表达能力，也有利于教师及时获得反洗信息以调控教学程序，使教学过程处于动态平衡之中。谈话法不仅在讲解新知识时被采用，在巩固旧知识、组织练习时也常被采用。

谈话法适用的对象是小学各年级的学生。

运用谈话法的基本要求如下：

1. 精心设问，有的放矢

施教之功，贵在引导，精心设问是谈话的核心。设问是一种重要的教学艺术，要有目的性、针对性、启发性和连贯性，要问在知识的关键处，问在思维的转折点，要围绕教学重点展开。例如，教学"三角形内角和"时，教师安排以下一组问题，引导学生从不同角度加深对这一规律的认识。

第一，已知一个三角形的两个内角分别是150°和24°，求第三个内角的度数。

第二，为什么直角三角形只能有一个直角？为什么钝角三角形只能有一个钝角？

第三，直角三角形中的一个锐角是53°，求另一个锐角。

第四，把一个大三角形纸片剪成两个小三角形纸片，每个小三角形的内角和是多少？

2. 谈话要面向全体学生

谈话要面向全体学生，要吸引全班学生积极参与，避免把谈话集中在少数几个"优等生"，而使多数学生成为被遗忘的角落。教师可以有意识地根据问题的难易程度问不同水平的学生，调动每个学生的积极性和主动性，使各类学生的思维水平都在各自的基础上得到发展和提高。例如，教师可在教学"异分母分数加减法"时提出以下维度不同的问题：

第一，整数加减法为什么要数位对齐？

第二，小数加减法为什么要小数点对齐？

第三，同分母分数加减法为什么分子可以直接相加减？

第四，异分母分数加减法为什么要先通分再计算？

通过比较，学生自己悟出了"只有计算单位相同，才能直接进行加减"这一概括性高的计算原理。这其中渗透了"单位"的数学思想方法。

3.谈话时要认真倾听，及时做出评价

对学生的回答，教师要认真倾听并及时做出明确的评价，要肯定每个学生的点滴进步，以增强其学习的自信心。必要时，教师可以进一步提出补充问题以引导学生思考。例如，有的学生说"圆的直径都相等"，教师可以追问："所有的直径都相等吗？"有的学生说"能被1和它本身整除的数叫作质数"，教师可以紧接着问："4能被1整除吗？4能被4整除吗？4是质数吗？"这样可以帮助学生及时扫除认识中的障碍，使学生做出合乎逻辑的判断。

4.谈话要富于启发性，要难易适度

讲授新课时，教师让学生联系已有的知识或经验按教师的提问思考，研究并做出回答。首先，教师要了解学生对认知结构中作为新知识支柱的相应概念的掌握程度、对概念的掌握有没有缺陷、引入新知识将会引起认知结构中的哪些不平衡；其次，教师要了解他们对新课题的学习兴趣和要求，必要时引入一些简单的先行性材料作为新课题的铺垫，使其在心理上做好准备。例如，教学"三角形内角和"，教师在引出课题时提问："长方形、正方形的四个角都是直角，那么，它们的内角和是多少度呢？三角形的三个角的大小不是固定的，那么，三角形的内角和有没有规律呢？"让学生带着疑问学习新知识。

5.谈话时要创设生动活泼的气氛

谈话时，可以教师问、学生答，也可以学生问、教师答，还可以学生问、学生答，以创设生动活泼、轻松愉快的课堂气氛。

（三）练习法

练习法是指学生在教师的指导下，通过练习来巩固知识、形成数学技能、发展智力的一种教学方法。

练习法的作用是教学、教育、发展、反馈。

练习法适用的对象是小学各年级的学生。

运用练习法的基本要求如下：

1. 练习要有目的和要求

练习之前，教师要向学生说明练习的目的和要求，以调动学生练习的主动性和积极性。练习的要求的高低要适当：要求过低，不利于学生的进一步学习；要求过高，有些学生难以达到，会影响他们的学习信心。

2. 练习要有计划地进行

教师要根据教学的内容和目标按照循序渐进的原则来设计练习。例如，在教学新知识前，教师要安排准备性的练习；教学一个概念或法则后，教师要安排巩固性的练习，使学生加深对概念的理解或准确掌握法则。此外，教师还要适当地安排形成技能的练习和复习性的练习。

3. 练习要有层次

技能的形成是一个由懂到会、由会到熟、由熟到巧的过程。练习的安排也应贯彻循序渐进的原则，先单项后综合，先基本后变式，先尝试后独立，有层次地进行。练习一般要经过模仿、熟练和创造三个阶段：模仿阶段是技能初步形成的阶段，在这一阶段，题目可以是基本的、带有模仿性的；熟练阶段是技能的巩固阶段，在这一阶段，可以有变式题、小型综合题，要注意以新带旧，注意知识的系统性；创造阶段是技能的发展阶段，这一阶段的练习题要有一定的综合性和灵活性，促使学生灵活地运用知识去解决实际问题。

4. 练习的数量要适当

练习的数量应根据教学内容和要求而定，练习的内容要有针对性，防止单调重复、盲目多练，以免学生因负担过重而降低练习的兴趣。

5. 练习的要求要有弹性

教师布置作业时要有弹性，对于学习有困难的学生，可以让他们少做几道题，或者专门设计几道题；对于优秀的学生，除要求他们完成规定的练习外，适当布置一些思考性强的练习题。

6. 练习的方式要多样化

选用多种练习方式可以提高学生练习的兴趣，也有利于他们加深对知识的理解。例如，低年级学生口算练习的形式有集体算、个人算、分组算及找朋友、开火车等游戏性或竞赛性的练习。中高年级的学生可以根据具体内容适当采用各种不同题型进行练习，如填空、判断、选择、改错等。

7. 练习的时间安排要科学

科学地安排练习时间对提高练习效率起着重要的作用。心理学研究表明，技能练习具有规律性：单位时间内完成的练习量随着练习时间的后延而不断增加；随着练习次数的增加，一定量的练习所需要的时间逐步减少；练习次数逐步增加，练习中出现的错误相应地减少。根据这些规律，教师要研究练习时间的长短、次数的多少及间隔的疏密等问题。一般来说，分散练习比过度集中练习的效果好。例如，学生每天花3分钟练习计算，持之以恒，必能使计算能力不断提高。根据艾宾浩斯的遗忘先快后慢的规律，在学生学完新知识后，教师要及时组织练习，练习次数的分布要先密后疏，即在开始练习时，间隔时间要短，次数可以集中些，之后，间隔时间逐步加长，次数也逐渐减少，而且可以组织学生交叉练习不同的知识。例如，在练习分数四则运算时，教师可以附加一些整数或小数的计算练习；在练习应用题时，教师可以穿插一些几何求积的题目等，使旧知识不断地同化到新知识中，不断得到加深和巩固。

8. 要教会学生练习的方法

教师要培养学生独立完成作业、认真思考和自我检查的良好习惯，即要使学生明确练习的具体目标和要求；要培养学生认真审题、抄题、计算和解答的良好习惯；要培养学生，对解答的过程结果进行细致的检查和验证的良好习惯。

（四）演示法

演示法是教师通过教具演示或实物来说明或印证所教的知识的一种教学方法。演示法向学生提供了直观的感性材料，不仅有助于学生理解抽象的数学知识，而且有助于他们发展自身的观察力和思维能力。

数学概念比较抽象，有时，单靠教师讲解很难使学生掌握，必须借助实物或教具演示。演示法是有观教学原则的具体体现，因此，在小学数学教学中，教师应当十分重视演示法的应用。在演示过程中，一般伴有教师的解释或提问，以引导学生观察和分析。

演示法的作用是：激发学生的学习兴趣，使他们集中注意能够使抽象知识具体化，缩短学生掌握数学知识的认识过程，提高教学效果。

演示法适用的对象是小学中低年级的学生。

运用演示法的基本要求如下：

1. 演示要有明确的目的

演示的目的要明确，重点要突出。例如，教学"20以内的数"时，教师可选用小木棒、小木块等作为教具，目的是突出十位和个位；教学"万以内的数"时，教师可选用算盘，目的是说明数值的顺序；教学"几何形体"时往往用模型或实物，以使学生形成空间观念；应用题的难点是分析数量关系，对于低年级的小学生可用实物图，对中年级的小学生可用示意图，站于高年级的小学生，可利用线段图以揭示部分与整体的关系。

2. 课前要准备好演示教具

教具设计要符合差异律、组合律和活动律的要求，大小、色彩及安放的位置都要便于学生对观察对象获得完整的感知。教具演示应到使用时才展示，以免分散学生的注意力和削弱新鲜感；每节课所使用的教具不宜过多、过杂。

3. 演示要与讲解相结合

只有直观演示与讲解紧密配合，才能充分发挥各自的作用，演示与讲解（或谈话）配合，可以改善学生的观察效果。演示前，教师应向学生提出观察的具体目的和要求，说明观察的方向，要告诉学生观察什么和怎样观察，以及思考什么问题。

4. 演示后要及时总结归纳

演示后，教师要及时总结所得的规律或结论，使学生的感性认识提高为理性认识。

（五）引导发现法

引导发现法是指教师提出课题，让学生完全独立地去探索和发现结论的一种教学方法。

引导发现法的作用是：能很大程度地激发学生学习的主动性和创造性，提高学生的学习兴趣，培养其思维能力和独立习得知识的能力，使学生了解某些数学知识产生的由来。

引导发现法适用的对象是小学中高年级的学生。

运用引导发现法的基本要求如下：

1. 要掌握引导发现法的教学程序

引导发现法的教学程序大致分为六个步骤：创设问题情境促使学生思考；明确探究的目标和内容；拟定解决问题的途径；根据听得数据寻找问题的答案；组织交流，讨论发现的成果；运用发现的成果。

2. 要重视学生发现的过程

例如，在教学"长方形面积的计算"时，教师给学生创设了问题情境：每人两个大小不等的长方形纸片，一张面积计（透明的方格纸，每个方格的边长为1厘米），几十个表示面积单位的小正方形纸片，一把米尺，要求他们用不同的方法求出每个长方形的面积。学生紧张地操作着，有的用面积计去直接测量，有的用面积单位去"铺方格"，有的用尺子去量长方形的长和宽……经历了一番探索后，学生终于找到了解决问题的途径。因此，在学生探索、发现的关键时刻，教师一定要给学生留足时间，要善于等待，让学生有足够的时间去探索、思考。

3. 要注意引导发现法运用的范围

对于约定俗成的内容不宜用引导发现法，如整数的读法和写法，几何形体的名称、四则运算的顺序等。但有些内容可以让学生通过观察、操作、思考发现结果，如长方形、正方形的面积计算，加法和乘法的运算定律等。此外，其适用对象必须是大多数学生在已有经验、相关知识的基础上，通过努力能够发现的规律；否则，费时很长，且不一定能取得好的效果。

4. 要注意发挥教师的主导作用

在一般的教学过程中，教师的主导作用是直接的、明显的，而引导发现法的运用却不然，教师的主导作用是潜在的、比较间接的，反映在准备的教具与学具、设计的方案、估计发现的困难等方面。因此，如何真正地发挥教师的引导作用仍是一个值得研究的问题，一般来说，教师应注意：上课前要细致地设计方案，明确探究的目标和所需要的操作材料；要充分估计学生在探究中可能遇到的困难、可能产生的问题，必要时，可以适当启发；当学生得出某些错误的结论时，要引导学生去讨论或辨析，不要过早地做出评判，必要时，教师可配合适当的讲解。

（六）讨论法

讨论法是指根据教学的要求，学生在教师的指导下，围绕某些问题各抒己见，展开辩论，辨明是非真伪，以此提高认识问题的能力的方法。

讨论法的作用是：培养学生的思维能力、研究能力和语言表达能力，有效地培养学生的组织管理能力。

讨论法适用的对象是小学高年级的学生。

运用讨论法的基本要求如下：

第一，要注意讨论法适用的对象和范围。

第二，要注意使用讨论法的时间和频率。

第三，要组织好讨论的过程。

以上阐述了小学数学教学中常用的几种基本方法。随着教育科学的发展，新的教学方法还会不断产生。

四、小学数学教学方法的选择依据

小学数学的教学方法是多种多样的，每种教学方法都各有其适用范围，也有自身的局限性。因此，教师要针对教学实际，根据教学目标和任务、课题内容、学生的年龄特点和水平，以及学校的教学设备等因素综合考虑，灵活地选用教学方法。

一般来说，选择小学数学教学方法要依据以下四个方面：

（一）教学任务

教学方法是多种多样的，各有其适用范围。例如，感知新教材时，以演示法、操作实验法为主；理解新教材时，以谈话法、讲解法为主；在形成技能技巧时，以练习法为主。教师为低年级的小学生教学"乘法的初步认识"时，宜用演示法和谈话法；为了让学生熟练地掌握乘法口诀，教师宜选用练习法；教师为高年级小学生教学"一个数乘以分数的意义"时，可选用讲解法或谈话法。

（二）教学内容

在符合具体教学目标、教学内容特点的前提下，教师以有利于学生形成良好的知识结构为目的来选择教学方法。不同的教学内容有其不同的特点和教学目标，有时可以将几种教学方法有机地结合起来。将多种教学方法有机地结合并加以灵活运用本身就是一种综合的教学方法。

小学阶段的几何属于直观几何，因此，演示法、操作实验法是教学几何初步知识的基本方法。在教学中，教师要充分利用实物、教具和学具引导学生进行拼摆、折叠、绘画、测量等实际操作，使学生掌握图形的特征，形成初步的空间观念。应用题教学的重点在于引导学生在全面分析数量关系的基础上掌握解题思路，一般情况下教师应选用谈话法或辅之以讲解法。

此外，对不同的新教材，教学时也应采用不同的教学方法；当新旧教材联系十分紧密时，往往应采用谈话法、引导发现法，在关键处点拨即能奏效；

当教学某个崭新的"起始"概念（如第一次认识分数）时，就要采用操作实验法等。

（三）学生的年龄

学生的年龄不同，其心理和生理的发展水平也不同。没有一种教学方法适合教所有的学生和所有的教学内容；不同的年级、不同的班级的学生的实际水平也不同，因此，选择教学方法一定要结合所教班级的具体情况。

对于低年级学生，可以多用演示法、操作实验法，并辅之以引导发现法；对于中年级学生宜用谈话法；对于高年级学生可适当采用讲解法和自学辅导法。此外，教学方法的选择还要视不同班级的情况而定，有的班级的学生思维相当活跃，可考虑采用引导发现法；有的班级的学生自我评价能力较强，可以增加独立作业；有的班级的学生抽象概括能力较为突出，可以减少直观手段；有的班级的学生自学能力较强，可适当采用自学辅导法。

（四）教师的特长

教师的教学水平、教学经验、教学能力、习惯和特长不尽相同，教师要根据自身的特点来选择相应的教学方法，以充分发挥自己的特长。运用演示法或实验法等方法教学时要具备相应的条件，若条件不具备，教师应结合教学效果考虑改用其他更为有效的教学方法。

例如，有的教师擅长板书，可以结合教学内容边讲边板书，这能达到很好的教学效果；有的教师长于言辞，善于表达，采用讲解法能达到预期的效果。要提倡教学法的百花齐放，不同的教师可以有自己独特的教学风格。

教无定法，贵在得法。教学方法的选择要综合考虑各个因素，忽略任何一方都会影响教学效果。教学方法的选择要讲求实效，只依赖一两种方法进行教学，无疑是有缺陷的。教师要注意多种方法的有机结合，逐步做到教学时间用得最少，教学效果最好，达到教学方法的整体优化。例如，教长度单位时，要用演示法；教三角形的内角和时，可以用实验法等。教学时，教师为了有效地完成教学任务，可以合理选用多种教学方法，如边讲边练。

五、小学数学教学方法的指导思想

启发式教学是确定小学数学教学方法的指导思想。启发式作为一种教学思想由来已久。孔子曰："不愤不启，不悱不发。"这是说当学生想知而不知、想说而说不出时，教师给以点拨指引，这就叫作启发。怎样启发呢？《学记》中有精辟的论述："道而弗牵，强而弗抑，开而弗达。"这是说要引导学生，不要牵着学生走，要鼓励学生而不要压抑他们，要指导学生的学习而不要和盘托出，这样才能使学生豁然开朗。

启发式不是一种具体的教学方法，而是确定教学方法的指导思想。可以看到，同样的一种具体的教学方法，由于指导思想不同，可能是启发式的，也可能是注入式的。例如，讲解法虽然是一种注入式的教学方法，学生相对比较被动。但是，如果教师讲得条理清晰，深入浅出，画龙点睛，扣人心弦，同样能起到启发思维的作用。因此，衡量教学方法时不能只看形式，必须看其实质，要看其能否遵循学生的认知规律，最大限度地调动他们学习的主动性、积极性，能否自始至终地引导学生直接参与学习过程，培养他们独立获取知识的能力。

第三节 小学数学教学组织

教学是一个复杂的动态系统，这个系统中有各种构成要素，如教师、学生、教材、教学方法、教学方式等，如何将它们组成最佳的结构、充分发挥各自的作用和整体功能、提高教学效率，是研究教学组织的主要任务。

教学工作的基本环节包括备课、上课、作业的布置与批改、课外辅导及学业成绩的检查与评定。学业成绩的检查与评定是教学工作中不可缺少的重要环节，是诊断学生的学习状况和教师教学效果、调控教学进程的重要策略。

综合来说，教学工作包含多个不同的环节，每个环节都有不可替代的作用。各个环节是相互联系、相互促进的，只有充分发挥每个环节的作用，才能整体优化教学工作，全面提高教学质量。

一、小学数学教学组织形式

（一）教学组织形式的含义

简单地说，教学组织形式就是教师在教学中把学生有效地组织起来开展教学活动的方式，从专业的角度来说，教学组织形式是指为完成特定的教学任务，教师和学生按一定要求组合起来进行活动的结构；或是师生的共同活动在人员、程序、时空关系上的组合形式。

教学组织形式是教学过程的重要组成部分。教学组织形式体现出教师对学生的学习活动所进行的严密的组织，与教师的教学活动是紧密联系的。教学组织形式可以是全班教学、小组教学，也可以是个别教学。

（二）教学组织形式的特点

教学组织形式具有以下三个特点：

第一，从表现在外部的职能特点来看，教师和学生都要服从一定的教学程序，如小组或个人完成教师布置的作业等。

第二，教学的组织形式应该服从作息时间和规章制度。例如，每节课的时间是45分钟或30分钟；学生人数可以固定，也可以经常变动。

第三，教师和学生的相互配合是通过直接或间接的接触实现的。

（三）小学数学教学组织形式包括的内容

1. 创设良好的课堂氛围

课堂氛围是学生在课堂教学过程中情绪、情感和心理活动状态的表现。教学过程不仅是知识的传递过程，还是师生间情感交流的过程。因此，创设一个愉快、民主、平等、和谐、合作的良好课堂氛围是课堂教学组织的关键，只有教师创设了良好的课堂氛围，才会形成一个富有感染力的、催人向上的教学情境，才能使学生受到熏陶，从而全身心地投入学习之中，取得最佳的学习效果，这正是古人所说的"亲其师，信其道"的道理。

当然，良好的课堂氛围的形成受到诸多因素的制约，如教师修养、师生关系及教学环境等。

2. 及时反馈教学信息

反馈的目的是调控并组织教学过程，所以，教师必须弄清学生出现问题的症结和原因，弄清学生是否真懂。当学生回答不出问题时，教师要让他们体面地坐下，使他们获得应有的尊重。教师对从学生中得到的反馈信息要及时评价，而且这种评价要成为激励学生求知上进、积极听课的动力，切忌成为惩戒学生的手段，只有这样才能真正提高课堂教学的质量。

3.合理控制教学时间

课堂教学组织必须合理科学地分配和控制每个教学环节所需要的时间,让分散的局部时间成为一个科学高效的整体,使教师能够在有限的教学时间内突出重点,突破难点,完整而有效地达到教学目标。为此,教师要注意以下三点:

第一,做好课前准备。课前,教师要认真备课,精心设计教学过程,教学过程要环环相扣,不浪费时间;要大致分配好各个教学环节的教学时间,既不要前紧后松,也不要前松后紧。

第二,把握新知识的最佳教学时间。因为小学生的注意力不能持久,所以,教师应把重点内容安排在最佳教学时间内。

第三,掌握课堂教学节奏。节奏是指课堂教学进程的快慢、缓急、张弛等。例如,教学过程中师生的双边活动有时是轻松的对答,有时是学生对教师提出的一连串问题进行紧张的思考后作答,有时是学生无拘无束地自由发问等,这些都是课堂教学节奏的表现。无疑,好的课堂教学节奏对形成良好的课堂教学组织是十分必要的,教师要根据学生的学习规律、课堂的教学结构和学生在教学中的反应来掌握和调整教学节奏。

4.灵活处理课堂生成

教学方案是教师对教学过程的预设,它的形成依赖于教师对学生的了解、对教材的理解和再创造。不论预设如何周密,在教学方案的实施过程中,即在课堂教学中,由于师生的互动,往往会生成一些新的教学资源或出现课堂偶发事件,这就要求教师及时把握,因势利导,灵活处理课堂上的各种偶发事件,使教学过程得以顺利进行。

(1)处理课堂生成或偶发事件的方法。在小学数学课堂教学中,教师处理课堂生成或偶发事件的常用方法如下:

①化解法。针对学生情绪异常、教师操作或讲解失误及外来因素的干扰等偶发事件,教师可采取比喻、夸张、双关、模拟等手段,用风趣幽默的语言予以化解。这可以使师生感情融洽如常。

②讨论法。针对学生出乎意料的答问、教师编错题或解错题等偶发事件,教师可采取共同探究的办法。这可以使学生积极思考,师生相互启发,并能为教师赢得思考的时间。

③转移法。教师可围绕教学目标和教学内容,把偶发事件所蕴含的情境或材料很自然地引入教学中。这可以使学生将注意力从偶发事件无意识地转移到

学习上来。

④置换法。当教师在教学上出现了疏误，学生发现了而教师自己却一时找不到失误点时，教师可采取角色互换的办法来解决。这可以使教师很自然地从失误中走出来。

⑤延缓法。针对学生突然提出一个与教学无关的问题或所提的问题当堂解决必定影响预定的教学任务的完成而得不偿失时，教师可采取课堂回避、课后探究的办法，这可以使课堂教学顺利进行。

以上所述只是处理课堂生成或偶发事件的几种常见的方法和技巧，面对教学过程中的课堂生成或偶发事件，教师怎样处理最合适要靠教师临场创造性地发挥。但不论教师怎样处理，其根本目的是"趋利避害"。

（2）处理课堂生成或偶发事件的原则。处理课堂生成或偶发事件除应遵循教学过程的一般原则外，还必须遵循以下五条原则：

①目的性原则。课堂教学的目的性是指课堂教学要有一定的教学任务和明确的教学目标，在处理课堂生成或偶发事件时必须围绕教学目标来应变。教师要针对教学内容的实际、学生的年龄特点和知识水平来开展工作，任何抛开教学目标的应变都是毫无意义的，这是一条最根本的原则。

②教育性原则。教学活动必须具有教育性，课堂上教师的一言一行、一举手一投足都是教育信息，都会对学生产生影响。因此，教师处理课堂生成或偶发事件时也必须有利于教育方针的贯彻，有利于教书育人的实施，有利于思想品德的教育和智能的启发。首先，教师的语言要文雅、纯洁，不说粗话、脏话；教育学生时，教师应尊重学生，不讽刺、挖苦学生。其次，教学语言要富有哲理性，通过哲理性的语言启发学生思考，引起学生反思，从而教育学生。

③情感性原则。情感性原则是指教师的教学语言要饱含对学生的深厚情感。教学语言所含的情感必须是教师真实情感的流露。教师在处理各种课堂生成或偶发事件时，要注意创设一个和谐、宽松的气氛，既要使学生得到教育，受到启发，又要有助于沟通师生的情感。

④及时性原则。教学进程是一个信息流量较大、信息复杂且传输媒体多样的有序动态过程，因而，任何一个教学环节出现了问题，都会直接或间接地影响到其他教学环节。因此，教师必须对教学进程中所出现的课堂"生成"或偶发事件及时地做出反应，不能因为贻误而对教学造成更大的危害。

⑤协调性原则。教师处理课堂生成或偶发事件已构成了教学过程中的一个

第四章 小学数学教学的实践

临时环节，教师要使这一环节与前后的教学过程有机衔接，协调一致。

总之，处理课堂生成或偶发事件绝不是"随心所欲"所能奏效的，教师必须妥善地处理课堂生成或偶发事件，否则，无法保证教学的顺利进行。

二、小学数学课堂教学的结构

课堂教学是学校教学工作的基本组成单位。一般来说，只完成一两个教学任务的课叫作单一课，完成两个以上教学任务的课叫作综合课。不同的课型都有其不同的教学结构。

课堂教学结构是指在一定的教育思想的指导下，为完成一定的教学目标，对构成教学的诸因素在时间、空间方面所设计的比较稳定的、简化的组合方式及活动程序。

20世纪40年代苏联教育家凯洛夫总结了二三十年代的教育经验，批判地吸取了进步教育家的思想，把课堂教学结构分为新授课、练习课、复习课若干类型。以新授课为例，分为复习检查—导入新课—讲解新课—巩固练习—布置作业等步骤。这些不同的结构和模式在不同的历史阶段影响了教学发展的进程，具有一定的进步作用，同时也暴露了某些弊端。例如，赫尔巴特树立教师的绝对权威，完全以教师为中心，反映了时代的局限性；杜威强调以儿童为中心，这虽然重视了教学活动和学生的学习兴趣，但是降低了教师的作用，使教学的知识缺乏系统性；凯洛夫的教育思想虽然以辩证唯物主义为指导，强调了教师的主导作用，但也存在片面重视智育的倾向。

近年来，随着现代教育思想的深入，小学数学课堂教学结构正逐步进行改革：一方面，对原有的传统结构从性质上加以改变；另一方面，出现了一些新的课堂教学结构，如探究研讨、自学辅导的教学结构等。

小学数学教学中的单一课可分为准备课、新授课、练习课、复习课、检查测试课、作业讲评课，其中，主要的是新授课、练习课和复习课。

（一）新授课

新授课是以传授新的数学知识为主的课型。根据所采用的教学方法的不同，小学数学的新授课可以分为讲练课、探究研讨课和自学辅导课三种。

1. 讲练课

讲练课是新授课最常用的一种课型。讲练课的基本结构（环节）如下：

（1）基本训练。针对一些学生必须熟练掌握的基本技能、技巧，教师可在课堂教学开始的5分钟内组织学生进行基本训练，如整数、小数、分数的口算、简算，基本应用题的解答，公式、定律的应用等。其作用是使学生形成熟练的技能，为新课的教学做必要的铺垫，吸引学生的注意力。

（2）引入新课。引入新课时，教师可以由旧知识引入，也可以结合生活、生产实例引入；可以开门见山，也可以由远及近、步步深入。其目的是使教学的新知识转化成学生的内在需要，激发其学习动机。

（3）讲解新知。讲解新课是新授课的中心环节。教师要根据知识的内在联系及学生的认知规律采用各种有效的教学方法，使学生通过分析综合、抽象概括逐步把握重点，突破难点，形成概念。在这一阶段，教师尤其要注意把学生推到主体的地位，让他们通过自己的活动（主要是思考）来获取新的知识。

（4）尝试练习。这是第一次集中反馈。通过尝试练习，教师可以全面了解各类学生掌握新知识的程度，发现他们的困惑、疑难之处，并及时而公开地加以解决。

（5）阅读课本。数学课本往往以例题及练习题为主要形式而呈现。教师要引导学生阅读例题及其旁注或说明，必要时加以解释；对于定义、法则、公式或结语，教师要引导学生理解其含义并逐步掌握，必要时可要求他们复述。

（6）独立练习。这是第二次集中反馈。通过独立练习，学生可以进一步理解和巩固新知识。

（7）布置作业。教师根据学生的学习情况布置相应的作业，让学生加深对所学内容的理解。

以上七个环节并非固定不变的，教师可以根据实际情况调常，如阅读课本可单独作为一个环节，也可以在讲解新课时穿插进行。这七个环节虽然与传统的"五步"教学法形式相似，但在性质上有很大的不同：以必要的基本训练代替冗长的复习检查；强调多次反馈，保证教学信息传递畅通；尽量在最佳教学时间内讲解新课，以提高教学效率。

2.探究研讨课

探究研讨课是指教师引导学生利用他们已有的知识和教师所提供的其他材料，通过学生自己的动手操作、思考、研讨等途径掌握数学概念、数学公式、数学定理等。探究研讨课能发挥学生的主体作用，并有利于创造思维能力的培养。探究研讨课的基本结构如下：

（1）准备。首先，教师要根据教学任务，围绕教学重点，精心准备一些能使学生从中发现数学事实中的逻辑关系的可操作材料；其次，让学生分组进行，并向学生说明学习的内容及研究课题，以组织他们的注意定向；最后，以小组为单位向学生分发学具，说明操作时应注意的事项。

（2）探究。探究是探究研讨课的中心环节，探究越充分，其后的研讨就越深入。学生以小组为单位进行操作和探究。例如，在教学"20以内的加减法"时，可组织学生用小木棒、彩色木条拼摆进行探究；在教学"几何初步知识"时，可组织学生通过画、量、剪、拼等活动进行探究。在学生探究的过程中，教师要有目的地巡视，必要时可略做引导，不断鼓励学生探究，增强他们探究的信心。

（3）研讨。在研讨环节，教师组织学生研讨，每个小组的成员都要把自己的观察、发现用简洁的语言表达出来并相互交流。在研讨中，教师既是学生中平等的一员，又要发挥主导作用，对学生的困难或学生尚未觉察到的重点及时引导学生研讨；要细致地观察和分析学生的反应，以判断其认知水平。

（4）结论。在结论环节，首先，学生以小组的形式进行小结；其次，教师在学生小结的基础上，去粗取精，去伪存真，引导学生逐步得出正确的结论。

3. 自学辅导课

自学辅导课是指以学生学课本为主、教师指导为辅的新授课，这种课型一般适用于高年级的小学生，适用于新旧知识联系很紧密且掌握起来不是十分困难的内容，如学过万以内数的认识后，学生自学亿以内数的认识等。这种课型对培养学生的自学能力大有益处。自学辅导课的基本结构如下：

（1）提出课题。教师提出课题后，要向学生说明自学要求，出示自学提学，引导学生围绕课题的中心和重点进行阅读和思考。

（2）自学。学生独立阅读课本是本课型的中心环节。学生在阅读时，要随时把疑问记录下来，以便讨论。可以将全部内容阅读完后再讨论，也可以边阅读边讨论。

（3）讨论并解答疑难问题。教师根据学生在自学中所提出的疑难问题组织全班学生进行讨论，必要时，可让学生反复阅读课本，以让学生加深对重点、难点的理解。教师视实际情况可做必要的解答。

（4）整理小结。教师引导学生对所学内容进行整理小结，以形成知识网络。

（5）巩固练习。教师及时安排学生进行巩固练习。

（二）练习课

练习课是在学生理解新知识的基础上，以学生的独立练习为主要内容的课型。一般情况下，在新授课后都有练习课，目的是使学生形成技能、技巧。教师要注意的是，不能把练习课上成新授课，也不能上成自习课。练习课的基本结构如下：

第一，基本训练。

第二，检查复习。

第三，明确目标和要求。

第四，课堂练习。

第五，讲评并小结。

第六，布置课外作业。

课堂练习是练习课的中心环节。练习时，教师要结合新授课的内容有层次地安排练习题，由基本练习到深化练习，最后到综合练习。练习的形式要多样化，并尽量让全班学生都参与到教学活动中来；针对练习情况，教师要及时讲评并小结，表扬做得好的学生，分析学生易出错的地方及原因，归纳比较各种解法。

（三）复习课

复习课是以巩固、梳理已学的知识和技能为主要任务，并促使学生将知识系统化，提高学生解决问题能力的一种课型。复习课主要指的是总结性复习，如单元复习、期末复习及毕业前的复习等，复习课的基本结构如下：

（1）明确复习的目的和要求。不论是单元复习还是期末复习，都必须有明确的复习目的和要求，否则，复习课就无法达到一定的教学效果。

（2）根据复习提纲进行复习。复习是复习课的中心环节。复习时，教师要针对知识的重点、学习的难点和学生的弱点，引导学生按照一定的标准把已学的知识进行梳理、分类、综合，弄清它们的来龙去脉，沟通知识间的纵横联系，从整体上把握知识结构。

（3）归类整理。复习时要利用课本，低年级学生可采用提问、讨论等方式，在教师指导下围绕教学重点进行系统整理；中、高年级学生可以编拟复习提纲把知识归类整理，并以表格或图示的形式进行总结，提高概括能力。

教师还可根据需要做些必要的讲解，帮助学生梳理知识，解答疑惑，引导学生寻找规律等。

（4）课堂练习。在复习课上，教师要组织一定的练习，练习内容要有一定的综合性和灵活性，如旧题新做，使学生能从不同的角度加深对知识的理解。

（5）布置课后作业。教师可以根据复习过程中学生出现的问题有针对性地布置一些课后作业，以巩固课堂练习的成果。

每种课型虽有其比较简化的、相当稳定的活动程序，但绝不是固定的，教学中教师要根据实际情况加以调整。但是，教师必须遵循设计课堂教学结构的若干原则，以辩证唯物主义为指导思想，全面考虑教学过程的各因素，使教学程序科学、有序，使每个教学环节都成为这一整体的有机组成部分，最后达到教学过程优化的目的。

三、小学数学课外活动的组织

小学课程包括学科课程和活动课程两个部分。数学学科课程与数学活动课程是构建小学数学课程的两个不可缺少的部分，相辅相成地发挥培养学生数学素养方面的作用。

（一）小学数学课外活动的功能

小学数学课外活动具有以下功能：
第一，激发学生学习数学的兴趣，培养其良好的心理品质。
第二，拓宽学生的数学视野，增长其才干。
第三，渗透数学思想方法，培养其良好的思维品质。
第四，培养学生从数与形的角度观察事物的态度和意识。

（二）小学数学课外活动的特点

小学数学课外活动具有以下特点：
1. 活动性

数学课外活动与数学课堂教学最大的区别在于：活动既是教学的形式，又是教学的手段。可以说，如果没有让学生参与课外活动，没有让学生真正地动起来，没有让学生在活动中学数学，就不能称之为数学课外活动。总之，数学课外活动比课堂教学能为学生创设更多、更大的活动空间。

2. 自主性

课外活动比课堂教学更加开放、宽松，在活动中，每个学生都有较大的自主权，可以最大限度地发挥自己的主观能动性，都是数学活动中的小主人。例如，学生可以当"数学报"的编辑、记者，当"数学医院"里的大夫，当"数学信箱"里的智慧老人。学生还可以用自己喜爱的形式表现自己的数学才能，如自编自演数学相声、猜数学谜语、组织数学游戏、制作几何模型、进行调查访问、举办数学讲座等。

3. 思考性

对于课外活动，教师不仅要重视生动活泼的活动形式，而且要十分重视活动的内容。对于数学来说，问题是数学的"心脏"，方法是数学的"行为"，思想是数学的"灵魂"。教师可以在学生动手、动口、动脑的活动中渗透数学思想方法。

（三）小学数学课外活动的内容

数学课外活动的内容与数学课堂教学有密切的联系，因为数学课堂教学在知识、技能方面为数学课外活动奠定必要的基础，所以，教学课外活动的内容在一定程度上受到数学课堂教学的制约。但是，数学课外活动并不是教学课堂教学的重复，数学课外活动的内容可不受大纲的限制，可根据学生的情况较自由地选择。

教师在选择数学课外活动的内容时要注意以下几个方面：

1. 实践性

教师要把数学课外活动的内容与学生的生活实践、社会实践联系起来，体现"学用结合"的精神，使学生体会到生活处处有数学、处处用数学，以弥补课堂教学中的不足。

2. 趣味性

数学课外活动的内容要为学生所爱，使他们通过活动学好数学。

3. 综合性

数学课外活动可与科技活动、文体活动或其他活动配合进行，例如，教师可以组织某种主观活动，让学生综合运用各科知识，结合实际施展自己的活动才能。

第四节　小学数学教学手段

一、小学数学教学手段的发展阶段

教学手段是师生在教学过程中相互传递信息的工具或设备。它是保证教学活动顺利进行的各种物质条件，也是推动教育教学改革的主要因素之一。教师要理解各种教学手段，能恰当地运用相应的教学手段完成教学任务，提高教学质量。

教学手段经历了一个漫长的历史发展过程，大致可分为以下几个阶段：

（一）口耳相传阶段

在语言没有产生之前，人类原始的教学主要借助自己的身体器官作为教学手段，以手势、面部表情、动作等为主，辅以简单的图形符号。语言产生以后，极大地促进了知识、经验的教与学。语言作为教学手段完善了口耳相传的教学形式，大大提高了传情达意的能力和教学的能力；同时，语言也丰富了教学内容，使人类创造的生产、生活经验得以广泛地传播和延续。

（二）文字书籍阶段

文字的出现是学校教育走向专门化的一个基本条件，有了文字，人类才能积累文化知识和经验，使得教学活动能够摆脱个人直接经验的局限。采用文字作为教育教学的手段是人类教育发展与文明进步的一个标志。文字体系的形成、造纸术和印刷术的发展使学校出现了专为教学目的而编印的教学用书，夸美纽斯编写的《世界图解》是较早的教科书。教科书的出现对丰富教学内容、扩大教学对象、提高知识的传播效率起到了重大的作用，是教学手段发展史上的一次大的跃进。

（三）直观教具阶段

直观教具是随着学校教学的发展，为弥补语言、文字的实感性差的不足而出现的以提供感性经验为特点的教学手段。从此以后，教学方式除了语言文字外，还广泛采用了粉笔、黑板、模型、标本、挂图、实物等直观教具，裴斯泰洛齐的"算术箱"和福禄培尔的"恩物"都是专门的教具。这些具有形象性和实践性的教学手段把视与听、抽象与具体结合起来，提高了教学质量与教学效果。直观教具已形成了比较完整的体系。

（四）实验技术阶段

实验技术手段的出现与应用弥补了经验教学的不足，增加了教学的实践与动手操作环节。尤其是对于以实验为基础和学习手段的学科知识，如物理与化学，教师演示实验或学生亲自操作实验能把课本知识由抽象变成具体，变无形为有形，使学生易于获取多方面的知识，巩固学习成果，培养各种能力。实验教学已经成了一种主要的教学手段。

（五）视听媒体阶段

视听媒体是应用先进的科学技术成果发展起来的教学手段。因其利用声、光、电等现代化的科学技术辅助教学，故又称为电化教学，包括视觉的、听觉的及视听结合的形式。它们将信息诉诸师生的视听觉，是师生获取信息的主要来源。例如，幻灯、电影、唱片、收音机、录音机、录像机、电视机、语言实验室、教学机器等均属于此类。视听媒体的出现大大突破了直观对象本身和人的感觉本身的局限性，人的感官被延长了，从而能够更广、更深地认识宏观、微观、动、静、快、慢的各种现象。例如，通过录音、录像、电视利电影人可以看到和听到在自然状态下看不到、听不到的图像和声音，通过电子显微镜人可以看到微小的动植物细胞，通过卫星图片可以看到太阳系的各个行星等。电化教学的出现和运用不仅提高了教学活动的效率，而且使得教学活动本身产生了重要的变化，扩展了教学活动在时间和空间上的界限，达到了过去所没有的广度和深度，将教学活动带进了一个新的阶段。

（六）高新技术阶段

在高新技术阶段，作为人脑的延伸的电子计算机被应用于教学领域，这是一次质的飞跃，计算机进入教学领域所产生的意义是所有其他教学手段都无法比拟的。正如有人指出的，以往的教学手段充其量只是人的感官的延长，而计算机则是人脑的扩展，因为计算机可以代替人脑的部分工作。计算机的这种独特性为教学活动带来的不仅是效率的提高,而且是一些革命性的变化。综合了高新技术的通信技术、信息高速公路等正为教学手段的变革带来新的突破,给人类的教学领域展示广阔的发展前景。

二、小学数学教学手段选择与应用的原则

小学数学教学手段的选择与应用要遵循以下几个原则:

(一)教育性原则

教学手段的选择与运用必须具有目标指向性,尽量满足教学目标所提出来的要求。教学手段的设计是为了有效地辅助教学,而不是为了运用而运用。教学手段的设计与选择要能够摆脱传统的"高分低能"的窠臼,做到"五入",即入情、入理、入耳、入脑、入心,使学生在轻松愉悦的教学氛围中学会求知,学会做人。同时,激发起学生的创造激情,促进学生内在的改善与发展,这是真正的教育效能的体现。随着现代教学手段的引入与普及,如何正确地引导学生健康、安全地使用现代教学手段是摆在广大教育工作者面前的、迫切需要解决的新课题。

(二)发展性原则

发展性原则是指教师选用教学手段时应考虑它能在多大程度上发挥教育作用,促进学生各方面的发展。无论是传统教学手段的设计,还是现代教学手段的设计,要尽量避免"人灌""机灌"。教学手段的设计要突出发展性,把学生有效地引导到"探究—发现—提问—解疑"的主动学习的过程中,让学生以探索者与发现者的姿态进行活动。例如,教师利用计算机给学生展示一个修路工人修路的场面,紧接着出示:两个修路队共同修这条路,三天修完,第一队修了120米,第二队修了102米。这时,计算机发出悦耳的声音:"同学们,根据这些条件,你能提出一个问题来吗?"有的学生提出:"第一队比第二队多修了多少米?"有的学生提出:"第一队(第二队)平均每天修多少米?"有的学生提出:"第一队比第二队平均每天多修多少米?"这些问题有易有难,有学过的也有没有学过的。通过提问,学生不仅展示了自己的思维水平,在教学中学到了切实可行的提问的方法,而且由于问题是自己提出来的,学生的学习兴趣极浓,学生会积极、主动地投入之后的探索学习中去。

（三）最优化原则

最优化原则是教学手段设计的根本原则和根本要求。教学过程本身是一个复杂的系统，各个环节、要素彼此紧密联系，针对一个特定的共同目标发挥各门的作用，组成了一个有机的统一体，最优化原则是指要把教学手段的设计放在整体的教学设计中，充分考虑教学的各种因素，协调教学手段与教学的其他方面的关系，使教学手段的功效服从于整体教学设计。即教学手段的设计既要考虑教学过程的要求，又要考虑学生已掌握的知识技能，还要客观分析现实的教学环境和条件，力求所选择的教学手段以最小的代价取得最大的收效。这一原则的关键是对教学的各个方面进行系统分析。

（四）灵活性原则

教学手段的选择和应用要随问题情境的变化而变化，这就要求教师在设计教学手段时思维要灵活，以设计出多种风格的教学手段。教师根据不同手段的特点、功能，结合学生的年龄、性格特点及教学的目标、内容，在教学过程中灵活组合、调整教学手段。没有任何一种固定的教学手段是教学成功的灵丹妙药，而且，人是有差异的，每个学生都是一个有着独特个性与特点的个体，用一成不变的教学手段去教有着千差万别的个体是不科学的。

（五）学生主体性原则

从教学手段的设计到选择与运用，都需要在学生的主体参与上下功夫，要让学生参与进来。推进教学手段改革的核心是能够充分调动学生参与的主动性与积极性，培养其创造激情。在教学手段的应用过程中，教师要设计出多方面、多层次、多形式的目标选择，让每个学生都有质疑和探索的余地，使问题贯穿整个教学活动的始终，避免人与机两方面的疲劳轰炸、满堂灌，避免让教师或机器牵着学生的鼻子走，避免整齐划一。这就要教师在教学过程中通过适当的问题情境的设置，营造出平等愉悦的气氛，让学生在悟中学，在学中悟，在不知不觉中产生学习兴趣，善于思考与创新。

第五章 小学数学教育与小学生心理发展

第一节 小学生心理特点与数学认知

小学生一般为6~12岁。这个阶段又称童年期。小学时期是儿童发展历程中的一个重要时期，是儿童开始学校生活的第一个阶段，是学习和掌握各种技能，掌握人类科学文化，为进一步学习打基础的时期。

小学时期的儿童心理发展具有普遍性和差异性。在小学数学教学中，教师应该了解学生的心理状态并能引导学生的心理发展，遵守儿童心理的发展规律，积极引导学生从感性到理性认识过渡，激发学生对数学的学习兴趣，打好基础，提高学生的数学素养。数学概念是有抽象性的，而小学生的思维仍然处于具体的形象思维占优势的阶段。因此，在教学中应当联系学生的日常生活，选用学生熟悉的具体事件，把抽象数学概念和具体实例联系起来，逐步形成新的概念。在进行计算法则的教学时，应避免将"法则"或"方法"作为静态的结果直接灌输给学生，让学生机械地记忆和反复练习。教师应联系学生的实际生活，积极引导学生主动去探索，让他们自己去发现合理的算法，从而归纳、推导出计算法则。在教学中若能够把书本上的例题改为学生身边的数学问题，从学生熟悉的生活背景入手，创设一种大家熟悉的生活情境，与实际生活密切联系，缩短数学知识和现实生活的距离，使静态的应用题情节变为动态的，让学生去亲自感受。

小学一、二年级的孩子好奇心强、活泼好动、兴趣广泛，对简单具体的事物易于接受，易被生动有趣的故事情节和色彩鲜艳的动态的教具吸引，以机械记忆为主，思维方式主要是根据直观形象的外在属性进行概括，注意力集中的时间很短。所以在数学教学中要注重创建情境，联系生活，解决生活中发生的各种问题，充分利用学生的无意注意和有意注意，让他们在游戏与娱乐中学习数学知识。例如，他们在解决"树上最初有四只鸟，又飞来三只鸟，树上现在一共几只鸟？"这个问题时，如果遇到了困难，通过拼摆学具或画图的方式，常常可以帮助他们解决问题。对于低年级学生来说，只有把加减法运算的表征符号与现实背景联系起来，他们才能真正理解加减法运算的意义。而在小学三、四年级时，思维得到了一定的发展，随着独立意识和自我意识的增强，逐渐形成自己的学习方式和行为习惯。因此，在数学教学中培养形象思维的能力，要掌握和调动学生的思维，进行简单的分析、综合、比较和分类能力的培养，使其逐渐形成初步的抽象思维和概括能力。要根据学生的心理特点，围绕学生的兴趣，培养正确的学习方法，养成良好的学习习惯。在小学五、六年级时，由于年龄的增长和身体的发育，学生在心理上有了较大变化。就认识过程来说，有意注意慢慢上升到主导层面，使抽象思维有了发展的可能。理解记忆能力增强，思维方式由以具体思维为主的形式逐步向以抽象逻辑思维为主的形式过渡。

数学一直是学生学习的专业基础学科之一，对于培养他们的思维能力以及实践研究能力有着十分重要的地位。但长期的应试教育使大多数学生在看待数学的学习时具有功利性，他们过多关注最终的考试成绩，而不是数学所带来的更加深层的东西。事实上，数学这门学科涵盖的范围极广，它可以锻炼学生的思维方式，培养学生发现问题和解决实际问题的能力，树立起强烈的创新意识，有利于他们今后的个性化发展。所以在今后的数学教学过程中，教师一定要多做一些相关的教学改革尝试，有意识地将数学思想灌输到学生的学习过程当中，只有这样才能达到事半功倍的效果。而对学生的数学思维能力培养要遵循以下原则：

第一，培养数学思维能力不要急于求成。小学生正处于思维意识的形成时期，所以对待他们数学思维能力的培养必须要脚踏实地，操之过急只会适得其反，会降低学生的学习兴趣，得不偿失。在进行数学教学前，要设定趣味教学环节，同时创造有吸引力的教学环境，让学生在数学学习的过程中，能够置身其中，体验数学学习的奥妙，使学生能够主动地学习数学、研究数学。

第二，教学要贴合教学目标和要求，做到因材施教。教学最大的忌讳就是实际教学和目标教学相脱离。只有更加深刻地意识到教学目标的重要性，并深刻理解"学生才是学习的主体"的真正意义，教师才能够探索出更加高效的数学课堂教学方法和模式。需要特别注意的是，每一个班级中学生的能力参差不齐，为了尽可能地考虑到每一个学生的学习情况，教师就要做到多与学生进行沟通和交流，真正地意识到自己所扮演的角色，正确发挥教师的作用，始终坚持因材施教原则，结合具体生活实例作为课堂导入，不断收集学生的教学反馈，从而对自身的教学目标、教学内容以及方法设计进行优化和升级。

数学是一门教与学都很困难的学科，这是一个在世界范围内都普遍成立的命题，学生在数学的学习过程中遇到困难甚至受到挫折都是不可避免的。如果在数学学习过程中学生饱受挫折的打击而与成功的喜悦无缘，学生势必不会喜欢数学，更不要谈学好它。随着学生独立意识和自我意识不断发展，学生会选择性地接受或排斥某方面的学习，所以，教师应为教学评价赋予更多的激励功能。对学生数学学习的评价，既要做到关注学生对知识和技能的理解与掌握，也要做到关注他们情感态度价值观的形成与发展；既要做到关注数学学习的结果，也要做到关注他们在学习过程中的变化和发展。如果能够更多地关注学生的学习过程，更多地关注学生过去和现在的比较，就有可能使学生真切看到自己付出的努力所得到的成果，就有可能使学生真切地体会到自己的进步，从而产生积极的情绪，学生的自信心就会得到发展，学生会更好地融入数学学习中去。

第二节 在数学教学中进行心理健康教育的方法

一、数学教学中学生的学习心态

数学教学活动不仅仅是数学认知的一种教学活动，也是学生自愿加入情感心态下参与的一种心理活动。成功的数学教学活动一般都会伴随好的心态产生，这种教学活动使学生在学习过程中同时存在认真、高兴、轻松和成功等多种情感。在对学生进行简单的问卷调查之后进行数据统计，结果显示，在数学教学中融入心理健康教育，对于学生的学习状态有往好的方面发展的趋势。其中，对于学习压力较小的学生来说，学习主动性稍微有点弱势，同时需要家长的监督得到进步；而对于有升学压力的学生来说，因为压力较大，多会主动学习，不需要家长监管，就可以静下心来学习，他们对于学习的兴趣非常浓厚，学生的学风也越来越谨慎。

二、数学教学中教师的教学心态

随着时代的发展、信息时代的到来，学生获取教育信息的方法越来越多元化。只有与时俱进并且充满活力的教师，才能跟得上时代的进步，才能得到学生的欢迎。在数学教学过程中，教师本着做到以生为本，同时教师也要对自己的角色进行正确的定位。在整个课堂教学中，教师既是引导者和组织者，又是合作者和鼓励者。教师自身所具备的人格和行为将会具有极大的影响力，这是一种强大的力量，它对学生有着强烈的情感体验影响，同时对营造教学的环境氛围也起到了极其重要的作用。教师是学生的榜样。教师的行为举止可以影响学生对事物的认知，一个善意的眼神、一句满怀鼓励的话语，都可以使学生产生积极的学习态度和向上的人生观。一定要营造出平等、公正、和谐、温暖的教学环境。譬如在进行教学的过程中，教师忽然提出了一个简单的问题：2/3与3/4哪个数值更大一些？如果有的学生不能马上做出回答，教师应当给予足够的耐心来引导，当学生答对时，要给予及时表扬，即使学生回答错了，也不要进行严厉批评，而应当给予他鼓励，"这次不会没有关系，只要有耐心好好学习，下次你一定能够做对的"。相反，如果教师的情绪不好，态度极差，对学生动不动就加以斥责，这就会导致课堂气氛很紧张，甚至使学生对教师和学习数学非常反感，进而产生厌学情绪。心理健康的教师一般会对自己的行为和情绪进行很好的控制，都有较强的心理调节能力，即使教师自身再难过、再气愤，在课堂教学中也不会对自己的学生发脾气，或者说是消极怠工，并且他们会对自身品德不断地进行完善，做到真诚地、真心地接纳和关心自己的学生。因此，作为教师，首先要做到以身作则，用自己健康的心理和积极向上的行为来感染学生，让学生在潜移默化中改变自己，从而实现心理健康地发展。教师为人师表，营造出和谐的数学教学氛围，在现实中是在数学教学中渗透心理健康教育的重要组成部分。现代教学论认为，在数学教育过程中，教师将扮演多种角色，从多方面影响学生的发展，教师不仅仅是知识的传递者，而且是学生的榜样、课堂的引领者、人际关系的艺术家、心理治疗工作者以及学生的朋友和知己，他们在人格上是平等的。在对优秀教师常态下的课堂教学观摩中发现，他们目中有"生"、以学定教，课堂充满浓厚的心理氛围。他们想学生所想、所难、所疑、所错，使教师的"教"迎合学生的"学"，明白学生是怎样思考的，再按他们思考问题的方式去引导他们，起到事半功倍的效果。教师只有摆正在学生面前的心理位置，才能树立正确的学生观，才能理智地处理课堂教学中出现的问题，讲究教学艺术，追求教学高效率。

（一）提高认识

由于很多教师对学生的心理发展规律还缺乏全面的认识，对学生素质结构的了解也缺乏，而使学生出现的许多心理问题不能得到及时解决。单单依靠几节简单的心理健康课来解决学生关于心理方面知识的需求，这是远远不够的。作为一名教师，要在各个学科教学中，将心理健康知识巧妙地融入其中，可以从根本上提升中小学生的心理健康水平。任何一位优秀的教师都要有意识地提高学生的心理素质，这是一件刻不容缓的事。

（二）强化知识

在各学科的教师中，有一部分教师是缺乏必备的心理健康知识的，在课堂教学过程中从不渗透或者很少渗透有关心理健康的教育。作为一名数学教师，虽然不一定要具备系统而全面的心理健康知识，但是也必须具备关心理健康教育的基本知识和解决问题的一般能力，只有这样，才能及时发现并解决好学生在学习中存在的各种各样简单或复杂的心理问题，才能够培养出学生良好的观察力、想象力、记忆力和创新精神等，才能够帮助学生形成良好的心理素质和生活习惯。

三、心理教育在数学学科中渗透的策略

当教师考虑数学教学质量问题时，不可只简单着眼于教法、教材和教具，而忽视了心理环境这一极具潜力的教学资源。从我国古代孔子提出的"不愤不启，不悱不发"的启发式教学原则，到苏联的巴班斯基提出的教学过程中最优化的理论，情感作为这一非智力因素，起着重要的作用。那么，采取哪些策略才能调动起学生积极的心理因素呢？

（一）营造良好的课堂氛围，建立新型师生关系

良好的课堂环境对提高教师的教学效率以及提高学生心理的健康水平会产生深远的影响，是学科渗透的关键。它有利于身心"向经验开放"，减少情感

过滤，提高数学学习的效率。教学中放手让学生自主学习，教师要善于发掘其闪光点，及时地给予肯定或者表扬。对其存在的不足进行引导和规范，并在此基础上帮他们树立奋斗的方向和足以期盼或能够实现的目标，从而唤醒其内在的主动求进的积极因子，激发认真而又快乐求知的热情。从而形成民主平等、师生沟通合作、师生共同探讨、互评互尊互爱的新型师生关系。

在现有的数学教材中我们不难发现，有很多关于心理健康知识的教材内容和知识的情境。例如，在数学课上要经常涉及一些关于我国数学家所取得的成就等，总是会利用这个契机来帮助学生树立民族的自信心以及自豪感，这样不仅可以让他们从小就树立远大的理想，而且有利于学生从小建立积极向上的人生态度。

在数学教学中常常会出现教师苦口婆心地讲解而学生却无动于衷的现象。这是因为师生的心向不一致，师生之间没有产生积极有效的心理效应。因此，教师就要合理运用"心理效应"这根调控的杠杆，从而促使学生变得积极向上，形成乐观且愉悦的情绪，从而提高数学课堂教育教学的效率。

1. 调控情绪

教师在走上讲台时，如果精神焕发且情绪饱满，讲课有条有理，铿锵有力，学生听课的情绪也会为之一振，并会以高度的注意力，紧张集中地听课。如果教师心情不好且随随便便，学生也会跟着情绪低落，精神不集中。因此，教师在数学教学过程中要充分利用小学生的心理特点，如好动、好奇、好表现等，让学生多动口、多动手且多动脑子，在学习活动中要主动与他人进行交流，寻找合适的时机进行自我表现。教师应极力营造活跃的学习氛围，促使学生表现出对教师充满期盼和信任感，从而产生一种积极的学习情绪。

2. 挖掘教材

要用好教材，把课上好，体现课堂教学的科学性、趣味性、生动性等，是每个教师应去研究、去探索的问题。

（1）结合实际挖掘开拓教材

学习数学知识，可以更好应用于生活。因此，多注重练习应用性的习题，培养学生运用所学知识解决实际问题的能力。

（2）合理调整教材

有效的学习活动不是教师向学生传递知识，而是学生根据外在信息，通过自己的背景知识，建构自己知识的过程。学生并非空着头脑进入教室，学生在日常生活和以往的学习生活中已经形成了广泛而丰富的经验和背景知识。如果忽视了学生的数学现实,其后果是:要么学生不能理解新知识,要么学生会感到枯燥乏味。这些都是与新课程倡导教学目标相背离的。

(二)挖掘蕴含的心理因素,引导学生尽情地感受

教材中都有很多显性和隐性的心理教育因素,如果能结合学生心理特点,利用恰当的教学方法,就可以有效地对学生进行心理健康教育,使学生养成良好的心理品质。例如,"每周干家务活的时间"这一课要求学生通过抽样调查的方法做出调查报告并解决有关的现实问题,培养学生的动手能力以及小组团结协作的能力。课本上就只给了学生一个调查对象,把学生的思维限制在很小的范围内。为让学生要有充分的能动性,让学生能够调查自己熟悉的或身边的任何对象,充分发挥自己的想象力及自主能力,调查的结果也是多种多样,如家里每月的用电情况的调查、社区人口密度的调查、班上同学身高体重等。

数学知识所包含的内容较为理性化、逻辑化及缺少人文特性,即使如此,我们还是可以在其中找到许多有利于培养学生心理健康发展的知识和内容等。例如,在"可能性"这一课的教学过程中,教师可以很自然地通过这个向学生渗透平等互利、公平性等概念和思想,培养学生产生平等和积极的心态。在不少应用题中有关于人均年收入的、国民生产总值等信息,这些信息既可以增强学生对于国家强大的自豪感,进而有利于学生爱国家、爱人民、爱社会思想培养。又如,在"圆的周长"这一课的教学中,教师可以将学生分成若干小组,并让小组成员通过查找资料等方式寻找计算圆周长的办法。在上课时,小组成员根据预习会发现圆的周长是其直径的三倍多一点,然后教师就向学生揭示圆周率的知识点,并向学生讲述我国古代数学家祖冲之发现圆周率的时间,让学生产生"我竟然也能和数学家一样发现数学的现象"的自豪感和喜悦之情,这种自豪感和喜悦之情的产生将会有利于学生形成积极向上的心理品质。所以,教师要积极地挖掘小学数学教材中隐藏的心理知识和能促进学生心理健康发展的因素等,有目的地将培养心理健康发展的过程运用到数学知识教学中去。

(三)创设氛围,潜移默化

课堂是学生的主要活动场所,学生的大多数心理问题在这里产生。教师是否把一堂课讲得生动且有趣,在很大程度上将会对小学生心理的健康产生不同

的深远影响。在课堂上，教师应该努力去构建一个生动活泼的、积极健康的、学生间共同合作的教学环境，教师应与学生平等相待，做学生的知心好朋友，绝不能高高在上，摆出师长的架子。教师可以让学生进行互相评比，这种评比用得好就会促进学生进步，但绝不要过分强调这种竞争，这会致使这种竞争给学生造成过重的心理负担，进行攀比，特别是处于小学阶段的学生，对于这种强大压力，没有办法很好地承受和处理，反而会产生一些负面的效果，甚至会患上厌学或考试焦虑等症状。

1. 开展讨论，团结协作

在数学课堂上，要经常安排学生进行小组讨论。在小组成员的讨论过程中，学生之间是平等的交流关系，不存在压力及恐惧心理。这种方法不仅有助于学生的自主学习能力的培养，还使学生之间的交流能力和处理人际关系的能力得到了提升，解决了一部分学生对于学习的恐惧和交际的自闭心理。

2. 提供机会，促进其表现

在数学学习过程中，要抓住学生智力的因素开发特点，鼓励学生大胆地去尝试，勇于探索，不怕挫折，多给学生课堂表现的机会，鼓励他们。经过一段时间的努力培养，会得到很好的教育效果。学生在学习过程中很容易出现各种各样的心理问题，作为一名教师，我们要及时了解学生的心理健康状况，因材施教，一定可以帮助学生解决这些在学习中形成的心理问题，帮助他们健康成长。

（四）根据"差异发展"原则，实施个性化教学

教师应根据"差异发展"原则，为不同的学生设计相应的期望目标和奋斗方向，使每一名学生都充满希望，因材施教，调动每一名学生内在的原动力，唤醒其主动因子，使不同程度的学生都有成就感，看到自己的进步。在数学学科教学中，将教学总目标分解成若干小目标，通过实现小的目标，一步一个脚印，在教师的鼓励和引导下，向大目标迈进。制定的小目标一定要考虑到学生通过努力可能达到，也就是让学生"跳一跳，能摘到桃子"，根据每一名学生的特点，因材施教，使每一名学生都能获得成功的喜悦。

（五）多样化的评价，引导学生学会反思

对学生的评价应既关注学生知识与技能的理解和掌握情况，又关注他们情

感与态度的形成与发展状况；既关注数学学习的结果，又关注学习过程的变化与发展；既有定量评价，又有定性评价。不以一次考试定成败，允许学生在多次考试中选择一个优异的成绩代表自己一段时间的学习成果，能够让学生看到自己的进步和不足，及时引导学生进行自我反思。例如：对于各学习环节中质量的反思情况；对解题的过程、方法和技能进行反思；对影响学习的非智力因素的反思，等等。通过对自己学习兴趣、学习态度、学习目标、学习意志的进一步分析和评价，明确存在哪些问题，如何制定改进措施，如何提高学习的主动性和自主性，学生就会在反思中真正领悟生活和学习中的思想方法，优化自己的认知结构，发展思维能力，培养创新意识。总之，数学是充满智慧与乐趣的，成功的教学依赖于和谐幽默的课堂气氛，依赖于真诚相待的师生关系，依赖于可以执行的个性化的教学，依赖于科学性的、多样化的评价。只有师生共同投入，才能达到共同的心情愉悦与自由发展。

学习评价的主要目的是全面了解学生数学学习的过程结果，激励学生学习和改进教师教学。教师既要关注学生数学学习的水平，同时也要重视学生在数学教学活动中所表现出的情感与态度，进而帮助学生进行认识自我、建立自信心。而学生的自我评价是学生对自己的学习过程进行自我观察，对学习结果进行自我判断和自我分析的过程，这是一种进行自我审视的行为。引导学生大胆进行自我评价，面对自己的不足，主要采用以下两种形式：

1. 在发问后进行自评

在课堂教学中要多鼓励学生大胆地发问，因为学生能提出问题正是他们思考了的结果，而教师的提问只是辅助学生，为了使学生进行思考。学生的发问比答问更具有价值，更值得教师和学生鼓励和评价。发问后还应让学生进行分析和比较，及时地进行反思，从而对自己的学习方法和心态进行自我调整、自我完善，以及减少不良心理因素的干扰等。

2. 在创新之后进行自评

创造性是课堂教学中的精髓，也是重中之重。我们不但要进行创造性的教学，而且更要鼓励学生创造性地学习，可见创造性在学习中的重要性。创造的教育指出：要促进学生创造能力的发展，可以采取激励的办法来帮助学生的思维灵活地从各种不同角度去观察分析和认识客观事物，积极主动地去寻找最好的创造性地解决问题的方案。

（六）培养兴趣，体验成功，巧设障碍情境，进行挫折教育

教育心理学明确指出：当学生存在学习困难时，就会出现某种失败的挫折心理，此后教师所要讲究的接触方式就是及时鼓励学生，帮助他们。只有鼓励才可以帮助学生转化受挫的心理，对不同困难程度的学生，要采取不同的方式进行解决，使之尽快克服挫折，之后获得重新尝试的勇气和力量，才可能取得成功。

1. 巧设障碍

在教学过程中可以巧妙地设置一些似是而非的、有意让学生一时陷于学习困难的失败的情境，让他们体会失败的感觉。其实这些是教师故意为难他们的，目的在于教育他们要懂得每个人在学习上都会遇到困难，都会有失败，从而可以帮助他们调整自视过高的不良心理，避免他们产生骄傲的情绪。

2. 迎战挫败

学生在探求知识的过程中难免会遇到各种各样的困难和挫折，迷茫的挫败感将会成为他们学习道路上的障碍，使他们产生郁闷、急躁、自暴自弃的不良情绪，严重的会对学习丧失信心，甚至可能开始厌学。这时教师要巧设育人环境，充分利用心理效应的"信任、期待"的情感去影响和改变他们，可能教师一个亲切的微笑、一句鼓励的话语以及一个饱含期望的眼神都会改变他们，把教师的爱像阳光一样洒向每一位挫败的学生，耐心地帮助他们分析、寻找教训，并且激励他们正视挫败，战胜自己，增强他们的自信心和毅力。

在数学教学过程中，将课堂的主动权交到学生的手中，让学生获得思想的启迪，享受审美的乐趣。学生在体验成功的同时，自然也形成了健康向上的心理素质。

第三节　数学学习中形成的心理障碍与突破方法

一、学生产生数学心理障碍的主要表现

（一）依赖心理

在数学教学中，学生普遍对教师存有依赖心理，缺乏学习的主动钻研和创造精神。一是期望教师对数学问题进行归纳概括并分门别类地一一讲述，突出

重点、难点和关键；二是期望教师提供详尽的解题示范，习惯于一步一步地模仿硬套。事实上，大多数数学教师也乐于此道，课前不布置学生预习教材，上课不要求学生阅读教材，课后也不布置学生复习教材；习惯于一块黑板、一道例题和演算几道练习题。长此以往，学生的钻研精神被压抑，创造潜能遭扼杀，学习的积极性和主动性逐渐丧失。在这种情况下，学生就不可能产生"学习的高峰体验"——高涨的激励情绪，也不可能在学习中意识和感觉到自己的智慧力量，体验到创造的乐趣。

（二）急躁心理

急躁心理在数学学习中表现为：急功近利，急于求成，盲目下笔，导致解题出错。究其原因，一是未弄清题意，未认真读题、审题，没弄清哪些是已知条件，哪些是未知条件，哪些是直接条件，哪些是间接条件，需要回答什么问题等；二是未进行条件选择，没有"从贮存的记忆材料中去提取题设问题所需要的材料进行对比、筛选，就急于猜解题方案和盲目尝试解题"；三是被题设假象蒙蔽，未能采用多层次的抽象、概括、判断和准确的逻辑推理；四是忽视对数学问题解题后的整体思考、回顾和反思，包括"该数学问题解题方案是否正确？是否最佳？是否可以找出另外的方案？该方案有什么独到之处？能否推广和做到智能迁移等"。

（三）定式心理

人们分析问题、思考问题的思维定式就是定式心理。学生在解决数学问题时会遵循某种思维模式和惯性，这是在教师较长时间的固定教学模式的影响下形成的。这种思维模式和惯性具有程序化、规律化、意向化的特点。长期的数学训练不可避免地会使学生形成思维定式，这是数学知识和解题经验积累的结果。一方面，对于解决一般性问题而言，这样的思维定式是有帮助的；另一方面，这样的思维定式也有很多坏处，会使学生思维僵化，分析问题和解决问题模式固定，能力提高缓慢。

此外，还有自卑心理、迷惘心理、厌学心理、封闭心理等。这些心理障碍都不同程度地影响、制约、阻碍着学生学习数学的积极性和主动性，使数学教学效益降低，教学质量得不到应有的提高。

二、学生产生数学心理障碍的原因

（一）数学成绩较低

数学是一门研究空间和数量关系的学科，是一门基础性的课程。人们在学生时代离不开数学的学习，并且数学成绩在学生的相关评价中也占据着相当重要的位置。学生在学习数学时难免会与同学进行学科知识及成绩的比较，也会受到教师以及家长施加的压力，等等。以上各种原因的交织就会使学生在学习数学时产生心理障碍。长时间受到这种障碍的影响，学生就会失去学习数学的动力、兴趣、自信心，因此其数学成绩就会直线下降并且无法提升。

（二）学习方法不当

很多学生在学习数学时出现心理障碍与其学习方法不当有着很大的关系，主要表现在数学成绩中等及以下的学生。这一类学生通常表现较好，听话、懂事；上课时能够做到专心听讲，课后对于教师布置的作业能够按时、独立完成；学习态度良好、目的明确。但是这类学生在学习中没有找到适合自己的学习方法，往往都是缺乏自信的。因而也就容易被教师和家长忽略，进而产生自卑或者自闭倾向。

学生心理障碍的形成不是瞬间造成的，就像自然界事物的发展规律一般都是从"量"的积累进而导致"质"的飞跃。在这个过程中，涉及学生的生理因素、心理素质和学生本身的数学素养等因素。学生在学习过程中会慢慢体现出差异性，而这些差异不仅对学生自身的学习水平产生影响，而且还形成了学生之间心理上的差异，这种心理差异一旦往非正常的方向发展，便会逐渐导致学生产生的心理障碍。学生间的身体机能、个人素质上的差异就是如上所说的生理差异；而学生在习得知识的正确性和对知识的完成度上表现出来的差异则是学习差异；学生的生理差异和学习差异会引起学生心理上的不平衡，从而导致心理差异。正因为心理差异由多种原因组成，所以心理差异具有多向性、复杂性和互为变换性等特点。心理差异的某些消极因素的积淀是形成心理障碍的主要原因。由此可见，心理障碍是某些消极因素导致学生心理差异增大的结果。但教学中其他因素的支配和刺激同样会造成学生心理障碍。

学生数学学习心理障碍产生的原因是复杂多变的，涉及教师、家长、社会等各个方面，同时也有学生自身的因素。学习困难的学生形成的原因是多方面的，从学生自身方面进行讨论，学生学习困难的原因有多方面，如学生对学习存在着心理障碍，没有养成良好的学习习惯，学习方法不当，等等。首先，学生的心理障碍主要是指学生情绪低落。这些学生由于成绩不好，往往具有自卑的心理，没有学习的信心，这会出现他们认为自己的智力有问题等现象。这种自信心不足导致学生更加不爱学习，引发恶性循环。其次，一些学生在学习的过程中，有任性的情况出现，想学就学一会儿，不想学就不学，根据新鲜感和对知识的喜爱程度去接触知识。最后，学生在学习过程中，往往会因为学习上没有积极性而产生一些依赖心理，不能够主动学习，久而久之，学生会因为自己很强的依赖心理而无法养成好习惯，使学生在长期的学习生活中出现学习目标不明确、课前不做预习、上课不认真听讲、课后不练习的现象，学生在学习时仅仅依靠课堂上的 45 分钟，导致成绩无法得到真正的提高。

数学学习困难的学生往往会受到外部环境的影响，如教师、家庭、社会都会对学生的学习造成一定的影响。在学习过程中，教师往往会因为对学生感情上的疏忽，造成学生个人情感上的障碍，使学生产生一种挫败感。同时，教师也会给学生一些压力，让学生感觉学习造成巨大的压力，如家长对学生的成绩要求过高，让学生感觉压力很大，还有些家庭中出现一些变故、离异等不和谐现象都会对学生的学习情绪造成影响，让学生无法安心学习，不利于学生的发展。另外，社会环境也会对学生的学习造成影响，如有些对未成年人开放的网吧、不良社会现象、不良书籍、不良音像视频等。

除去自身因素和环境因素，还有些学生因为学习方法不得当而导致成绩落后。他们往往在学习的道路上走了岔路，不能很好地掌握学习方法，常常会出现"死记硬背"的现象，影响了对知识的理解，从而使学习成绩和兴趣受到影响。

三、消除学生数学学习心理障碍的原则

为消除学生数学学习心理障碍，教师必须转变教学观念，尽快从"应试教育"转到"素质教育"的轨道上，要坚持做到"四重视，九引导，三到"，把握学生的心理状态，调动学生学习数学的积极性和创造性，使学生真正领悟到学习数学的无穷乐趣，进而形成爱学、会学、学好的良好气氛。

（一）四重视

1. 重视基础知识

作为数学教师，只有认真钻研大纲和教材，严格按照大纲提取知识点，突出重点和突破难点，让学生清楚教学内容的知识结构体系，以及在结构体系中的地位和作用，并指导学生记住一些简单的数学概念或公式，掌握基本的学习方法。

2. 重视学习过程

数学学习的过程，既是数学学科体系的要求，也是人类认识规律的要求，同时也是培养学生认知水平和能力的需要。从某种意义上讲，学生从数学学习的过程来掌握学习方法和知识技能，相对于直接掌握知识本身更有意义。

3. 重视方法指导

数学方法是在数学活动中解决数学问题的具体途径、手段和方式的总称。所谓重视方法指导，一是要重视教法研究，让学生充分动脑、动口，掌握数学知识，体验学习过程，掌握解题方法；二是要重视数学方法教学。指导学生阅读数学教材，审题答题，进行知识体系的概括总结，进行自我检查和自我评定，对解题过程进行回顾和反思等。

4. 重视实际情况

一是指教师要深入调查研究，了解学生实际，包括学生的学习、生活、家庭环境、兴趣爱好、特长优势、学习策略和水平等；二是指数学教学内容要尽量联系生产生活实际；三是要加强实践，使学生在理论学习过程中初步体验到数学的实用价值。

（二）九引导

1. 学科价值引导

就是要让学生明白数学的学科价值，懂得为什么要学习数学知识。一是要让学生明白数学的悠久历史；二是要让学生明白数学与各门学科的关系，特别是它在自然科学中的地位和作用；三是要让学生明白数学在工农业生产、现代化建设和现代科学技术中的地位和作用；四是要让学生明白当前的数学学习与自己以后的进一步学习和能力增长的关系，使其增强克服数学学习心理障碍的自觉性，主动积极地投入学习。

2. 学习兴趣引导

学习兴趣能够帮助学生更好地学习知识，进而克服学习的心理障碍。在数学教学过程中，教师可以通过在课前引导中提出一个有一定难度的问题来吸引学生的注意力。同时，还可以将所要教授的内容与学生的实际情况相结合，创设一个生动形象、能够激起学生学习兴趣的情境。教师在讲课时还可以运用语言激趣、变式激趣、新异激趣、迁移激趣、活动激趣等方式来刺激学生产生学习数学的兴趣，克服其心理障碍。

3. 学习目标引导

教学教师要有一个教学目标体系，包括班级目标、小组目标、优等生目标和后进生目标，面向全体学生，使优等生、中等生和后进生都有前进的目标和努力的方向。其目标要既有长期性的，又有短期性的；既有总体性的，又有阶段性的；既有现实性的，又有超前性的。

4. 环境引导

古人云："亲其师，信其道，学其理。"只有当学生认为教师可亲可信，乐于接受教师的教导时，才能有良好的学习效果。例如，学生在进行主题班会活动时，完全是在愉快的情绪和气氛中进行的。因而，他们喜欢学、喜欢练。努力使教师和学生之间形成一种和谐融洽的气氛，才能创造教与学的最佳环境。

5. 信心引导

只有当儿童的脑力劳动给他带来成果时，他才能最大限度地挖掘自己的精神潜力。因此，要矫正学生对学习的冷漠、绝望等心理状态，很重要的一点，就是要让学生看到自己的成绩。教师要发现学生身上的闪光点，及时加以肯定和鼓励，并为他们创造条件，培养其对学习的信心和热情，这样，就会使冷漠变热情，使对学习有绝望心理的学生树立信心、积极奋进。

6. 爱心引导

关心学生、爱护学生、理解学生、尊重学生，帮助学生克服学习上的困难，鼓励他们积极上进。特别是对于后进生，教师更应主动关心他们，多与他们交流，让他们体验到学习数学的乐趣。

7. 榜样引导

数学教师要引导学生树立自己心中的榜样，一是要在教学中适度地介绍国内外著名的数学家，引导学生向他们学习；二是要引导学生向班级中刻苦学习的同学学习，充分发挥榜样的"近体效应"；三是教师以身示范，以人育人。

8. 竞争引导

开展各种竞赛活动，建立竞争机制，引导学生自觉抵制和排除不健康的心理因素，比、学、赶、帮、争先进。

9. 方法引导

在开展数学知识教学、能力训练的同时，要进行数学思维方法、学习方法、解题方法等的指导。

（三）三到

"三到"，即教师要做到心到、情到、人到。能够真正做到想学生所想、想学生所疑、想学生所难、想学生所错、想学生所忘、想学生所会、想学生所乐，从而以高度娴熟的教育技巧和机智，灵活自如、出神入化地带领学生在知识的海洋里遨游，用自己的思路引导学生的思路，用自己的智慧启迪学生的智慧，用自己的情感激发学生的情感，用自己的意志调节学生的意志，用自己的个性影响学生的个性，用自己的心灵呼应学生的心灵，使师生心心相印、肝胆相照。课堂步入一个相容而微妙的世界，教学成为一种赏心悦目、最富有创造性、最激动人心的"精神解放"运动。

小学数学学习困难的学生的帮助和转换需要教师帮助学生养成良好的学习习惯，首先教师要帮助学生制定良好的学习目标，让学生以此作为努力的目标，因为每个学生都有不同的特点，并且个性上也是不一样的，所以教师为学生制定目标时不能够"一视同仁"，要针对特殊情况进行特殊分析，只有这样，才能够使学生更加合理地去学习，并对不合理的地方进行修改。在为学习困难的学生制订计划时目标不能够太高，要让学生能够顺利解决问题，寻找到信心，从而使学生养成良好的习惯，让学生的数学学习能力得到真正的培养，内心的需求得到满足。

同时，学生也要纠正自己的学习方法，在学习过程中，通过合适的学习方法提高学习效率，从而养成良好的学习习惯，使学习成绩得到提高。

教师还要做到学会建立良好的和谐社会关系，主要是指在教学过程中，师生要建立起平等、和谐、良好的关系，这样就可以在小学生中建立起威信，使学生更加尊重和信任教师，让学生愿意和教师做朋友，同时也便于教师给学生提一些合理化的建议，让学生对学习产生兴趣，并且在教师的指导下养成良好的学习习惯，掌握良好的学习方法，使学生在学习过程中有所收获，从而重树信心。帮助学习困难的学生转换还需要建立起学生之间的良好关系，使学生在良好的学习环境中学习，这样有利于使学习困难的学生转换为优等生。

有一些学习困难的学生，本身在知识上存在着一些欠缺，所以他们会在学习过程中产生非常多的问题。因此，在其学习过程中，教师必须要对这些问题进行解决。教师在教学过程中，要鼓励学生大胆地提出问题，让学生消除胆怯心理，勇敢解决问题。在学习过程中，我们不难发现有一些教师对持否定态度的学习不好的学生，有时会突然出现一些学习情况转变的现象，很明显的一点就是学生通过不断解决问题，得到了自信心，从而提升学习成绩。

小学数学学习困难的学生的帮助和转换需要教师发现一些影响学生学习的因素，然后对学生进行特殊辅导，并在辅导的过程中充分利用课余时间，帮助学生改正自身错误，在学习过程中还要教导其一些方法，改进学生的不良习惯，培养学生学习数学的兴趣，从根本上提高学生的学习成绩，使学生拥有学习的动力，让昔日的学习困难的学生也取得良好的成绩。总之，要做好小学数学"学习困难的学生"的转化工作，需要教师矢志不渝地充满爱心，坚持不懈地为学习困难的学生创造表现的空间和时间，使他们感受到学习成功的快乐，尝到学习成功的乐趣，令他们在努力学习的过程中，端正学习的态度，慢慢培养自信，锻炼意志、发展能力，坚定不移地迈向成功之路。虽然有不少的数学学习困难的学生，但教师不能用异样的眼光去看待他们，而是要尽自己最大的努力去帮助他们，学习困难的学生与优等生之间是没有智商高低之分的，只是在思考问题时有着自己独特的方式，他们要想提高自己的数学成绩，就要制订一套属于自己的学习计划，在他们原来的基础之上发挥最大的潜力，为成功打下良好的基础。

第六章　小学数学教师的能力培养

第一节　小学数学教师的基本素养

教师素质是教师稳固的职业品质，它是以人的先天禀赋为基础，通过科学教育和自我提高而形成的具有一定时代特点的思想、知识、能力等方面的身心特征和职业修养。教师的素质一般包括三个方面，即"学高""身正"和"健康"。"学高"一般是指扎实的专业知识，系统的教育、教学理论知识和其他的相关知识。"身正"一般是指坚定的政治信念，科学的思想方法，稳固的敬业精神，高尚的师德修养。"健康"是指健全的身体，健康的心理。下面将叙述小学数学教师的基本素质和基本能力。

一、小学数学教师的基本素质

小学数学教师的基本素质主要包括专业素质和思想素质。这里教师的专业素质是指小学数学教师从事小学数学教学活动紧密相关的素质，它直接关系到教师的形象和数学教学活动的质量与效果，关系到小学生的培养和成长。小学数学教师可以从以下六个方面去努力形成自己的专业素质：

（一）具备系统的数学专业知识

小学数学教师具备系统的数学专业知识，才能真正透彻地理解教材，灵活地处理教材，准确地把握教材，运用自如地把知识传授给学生。每个小学数学教师都应该明白"课上一分钟，课下十年功""要给学生一滴水，教师应拥有一条流动的河水"的道理。

（二）具有扎实的小学数学基础理论知识

小学数学教师，不能仅仅停留在小学和初中时代对数学的认识与理解的程度上。

首先，因为小学生的认识能力，在小学阶段大多数数学概念一般不给出抽象的定义，而是以实物、图形和实例等形式，帮助小学生建立数学概念。小学数学教师，不仅要掌握每个概念的内涵、外延以及相近概念的联系和区别，还应该能用形象、生动和准确的语言给出每个概念抽象的数学定义。

其次，因为小学生的思维能力，小学数学中计算题的算法、运算律和运算法则，应用题的解法等，也都是以实例给出，逐步让学生获得感性认识的。小学数学教师，不仅要能从实例中归纳出算法、运算律或运算法则，还应能从理论上解释算理和证明运算律及运算法则；不仅要会列式解应用题，还要能从理论上做出解释，说明算理。

总之，小学数学教师要站在一定的高度去重新认识小学数学基础知识，掌握小学数学的基础理论。只有这样，面对小学数学教材你才有"居高临下"之感，在需要时，你不仅能引导学生发现"是什么"，还能引导学生感悟"为什么"。

（三）系统掌握小学数学教材

小学数学新教材以《全日制义务教育教学课程标准（修定稿）》为依据编写，是《全日制义务教育教学课程标准（修定稿）》的主要载体，是实现小学数学课程目标、实施小学数学教学的重要资源。它为小学生的数学学习和小学数学教师的教学活动提供了基本线索。因此，能否很好地实施《全日制义务教育教学课程标准（修定稿）》，实现课程目标，在很大程度上取决于教师掌握小学数学教材的程度。

1.讲解小学数学教材内容的选择原则

（1）基础性原则。即所选内容是帮助小学生成为合格公民所必备的数学基础知识和基本技能。同时也包括帮助小学生能够继续学习、终身学习所必需的数学知识和能力的内容。

（2）实用性原则。即所选内容贴近社会生活及符合社会发展的需要。

（3）适应性原则。即所选的内容应适合小学生的年龄特点和社会经验，适应小学生的兴趣特点及心理需求。

上述原则说明了小学数学内容取舍的理由；体现了小学数学教材的时代气息；体现了小学数学教育新理念。

2. 掌握小学数学教材内容的编排体系

小学数学教材内容的编排讲究科学性。对如何科学地编排教材内容，英国数学家泰勒提出三个基本准则，即连续性、顺序性和整合性。

连续性是指直线式地陈述主要的课程内容。

顺序性是指每个后继内容都要以前面的内容为基础，同时又要对有关内容加以深入广泛的展开，而且还要照顾到学生的心理发展顺序。

整合性指各种相关内容的横向联系，既有知识之间的整合，也有知识与能力之间的整合。

以泰勒的三个基本准则去认识小学数学教材内容的编排体系，可以认识到每册教材在小学数学课程中的地位和作用，也可以认识到每章内容在本册教材中的地位和作用，更可以认识到每个例题、每个知识点在一节内容中的地位和作用。有了这些认识，才能真正理解编者的意图，才能准确地把握和使用教材。

（四）精通教育教学理论基础，树立新的教育观念

理论基础一方面是指小学教育理论，包括教育学、教育心理学、教育测量学等。之所以要掌握这些理论是为了能够更好地了解小学生的心理状态及不同年龄段学生的心理特征，从而采取最有效的教学及交流方式。小学数学教学，不仅要帮助小学生构建自己的数学知识体系，更重要的是要帮助小学生用数学的方法解决问题，因此小学数学教师要时刻研究小学生学好数学的心理状态，总结出一条教好数学的教育规律。这些是教育改革的基础，是由"教书匠"成为"教育家"的前提。

理论基础另一方面是指小学数学教学法理论，小学数学教师如何组织教学、如何安排教学过程、教学必须遵循哪些原则、有哪些教学方法、如何根据教学内容和学生特点选用适当的教学方法、如何进行教学评价、小学生学习数学有哪些特点，这些都是小学数学教学的基本理论，也是小学数学教师必备的专业知识。

精通教育教学理论是实现教学目标的微观要求，而领悟《全日制义务教育教学课程标准（修定稿）》，转变教育观念，则是实施小学数学教学的宏观需要。小学数学课程的实施需要教师树立新的教育观念：

教育观——教育必须从关注共性、关注社会的要求中逐步走向满足主体性发展的需要；课程观——教师和学生一起是课程的有机组成部分，是课程的积极开发者和主体；教学观——教学是课程的创生与开发过程，是师生交往、积极互动、共同发展的过程，是师生相互对话、共同参与、共同构建的过程，也是教师专业成长和自我实现的过程；评价观——课程关注每一个学生的发展，以关注过程的质性评定为主，侧重发展性评价。

（五）具有丰富的相关知识

当今是知识经济时代，学生可以通过各种途径了解到自己想了解的知识，又因为数学知识除了有它自身的独立性以外，还具有与其他知识的相关性和融合性。因此，小学数学教师除了有娴熟的数学专业基础知识之外，还应该具有丰富的相关知识，做到从各方面充实自己、拓宽知识面，平衡自己知识结构中"专"与"博"的关系。

了解数学的背景知识。数学的背景知识指的是数学的发现、发展及应用的知识。发现、发展就是数学的历史背景，应用就是数学的社会背景。小学数学教师具有数学的背景知识，教学过程中适时地向学生介绍相关的数学背景知识，拓展学生的知识面，激发他们对历史上著名数学家的敬仰之情，提高对数学社会价值的认识，从而激发他们学习数学的积极性。

了解数学课程改革的相关信息。小学数学教师不仅要不断更新自己的知识结构，还应该了解小学数学课程改革的历史、现状和未来的发展的趋势，了解关于教学改革的相关信息。这样才能做到与时俱进，才能为培养符合社会需求的具有创造性人才奠定基础。

（六）积极健康的思想素质

"学高为师，身正为范"，教师崇高的思想品德对学生思想品德的形成起着奠基作用。"桃李不言，下自成蹊"，教师注重修养，注意言行，处处给学生做出表率，言教辅以身教，身教重于言教，学生受到影响，其不良的行为和习惯受到约束，得到修正。教师良好的职业道德对学生思想品德的形成起着催化作用。一个优秀的教师不仅品质高尚，而且有着良好的职业道德。首先，应满腔热忱，关心爱护学生，不歧视、辱骂、体罚学生。其次，应该有强烈的事业心和责任感，对工作总是一丝不苟，精益求精，爱岗敬业，乐于奉献。总之，小学数学教师应该明白"亲其师而信其道"的道理。

二、小学数学教师的基本能力

素质是能力的基础，能力是素质的综合与延伸。教师的职业特点，不仅决定了教师应具有良好的职业素质和扎实的专业素质，更要求教师具有过硬的职业能力和专业能力。

（一）教师的职业能力

教师在从事精神劳动（教学活动）的过程中，是在知识传递、智力培养、品德塑造、体质增强等许多方面使人（学生）的身心获得健全发展。因此，小学数学教师必须具备教师职业具有的职业能力。教师的职业能力包括以下几个方面：

1. 语言表达能力

语言是表达思想的基本形式，是教师赖以传递知识、影响学生及产生教育研究成果的主要工具。语言表达分为书面语言与口头语言表达，前者又称写作能力，后者称言语能力。经验证明，教育教学的效果，在很大程度上取决于教师言语的表达能力。作为教师来说，言语表达能力是教师能力构成的基本点、重要点。

教师言语的基本要求，第一，是要合乎逻辑，说法正确，流利畅达；第二，要简单明白，内容具体，生动活泼，有感染力；第三，要求语言、语调有所讲究，要有抑扬顿挫，必要时还伴以面部表情和手势；第四，教师的言语要富有情感，还要注意情感的表达与儿童的心理特点相适应。此外，教师还要熟练地掌握学生易于接受的教育教学用语。

2. 分析处理教材能力

教师在教学中，不仅要全面掌握教材，还要运用教育学、心理学、教学法的知识，根据学生的特点分析教材的重点难点，加工改组，化繁为简，深入浅出，补充资料，翔实例证等，以便于学生理解掌握，这就是分析处理教材。教师分析处理教材的能力是指：第一，把握教材的整体内容结构和思维体系，结合课程标准及有关文件通盘认识教材及教材在整个课程计划中的作用；第二，对教材中的原理、定义、法则等要逐一钻研、认真推敲，务必准确、科学而又简练地掌握；第三，要使教材更加条理化、系统化，做到层次清楚、脉络分明；

第四，挖掘教材中的思想性和趣味性、智力因素和非智力因素，牢牢地把握教学目标。

3. 分析判断能力

在教育教学的过程中，只要有问题、有矛盾，就需要分析和判断，分析和判断能力在教育的全过程中始终是需要的。一方面，教师的分析判断能力主要是了解、分析学生掌握知识水平的能力；另一方面，教师的分析判断能力是当课内课外、校内校外发生事前没有预料到的问题和事件时，能够及时、准确地认识和处理问题的能力。教师的分析判断能力是教师的心理品质的表现，有赖于教师的经验、技能和其他教育能力。

4. 灵活的思维能力

教师要想点燃学生创造性思维火花，自己应具备灵活的立体思维能力。比如：

发散思维——教师课堂教学要引导学生像转动魔方一样变幻出解决某一问题的各种途径，以开拓学生的思路。

会聚思维——教师帮助学生对众多的解决途径进行优选，确定最佳方案。

逆向思维——鼓励学生别出心裁，另辟蹊径，反弹琵琶。

变序思维——变更某一词序、句序，变更某些操作程序，变更某些剪辑方式使研究结果变化。

借光思维——照对彼事物的思考，来思考此事物。

点化思维——点石成金，化腐朽为神奇。

分解思维——把复杂问题分解为几个问题来思考。

求源思维——追根溯源。

求同思维——异中求同。

求异思维——同中求异。

交织思维——纵横比较。

相关思维——寻找联系。

添加思维——添加条件使研究结果变异。

5. 教育应变能力

教师的教育应变能力一般是指教学机智。比如：

点石成金——学生的发言也许平淡无奇，但教师若能点石成金引出重要的教学内容来，这比对学生进行简单的否定高明得多。

— 107 —

以小见大——学生发现了问题的某一局部，教师以小见大，窥一斑以见全貌，这也需要教师的机变。

急流勇退——教师发现某一问题拓展深入为时过早，临时改变教学计划亦属明智之举。

因势利导——从学生疑点，甚至错误入手，因势利导，"转败为胜"，更需灵变。

移花接木——将知识迁移，举一反三，使知识的传授，能力的训练水到渠成。

就近设喻——应用交际的"接近性原则"，以教室里的师生、物件、新近发生的事情就近设喻，也要靠教师临场发挥的应变能力。

6. 教育预见能力

有经验的教师能预测学生哪里会遇上问题，应当怎样帮助学生解决，这就是教育预见能力。教师要预测学生思路，估计教学中可能出现的走势，设计数种教案，以便"兵来将挡，水来土掩"；教师要预见时效，估测学生解决哪些问题轻而易举，解决哪些问题费时费力，从而合理支配教学时间；教师要预见不同程度的学生掌握新知识的情况，从而分类指导，因材施教。

7. 组织管理能力

组织管理能力是教师组织学生开展各种活动的能力，它关系到教育教学活动的顺利进行和质量的高低。教师的组织管理能力表现在教育教学活动的方方面面。首先表现在善于制订教育工作计划、撰写教案、编拟试卷及组织课堂教学等方面；其次表现在善于组织和建设良好的班集体，包括选拔学生干部，培养积极分子，发挥每个学生的积极性与特长，确定每个阶段的中心工作的计划、反馈、调整，检查各个环节并进入新高度等。有组织管理能力的教师容易受到学生的敬仰，在教育教学中颇具影响力，也易获得更好的教育教学效果。

8. 实际动手能力

实际动手能力是一种可贵的实践能力。对于教师来说，既包括在教学中自己动手制造、安装、操作、检修，还包括作图、答题、制表、规划等思维操作，还有介于两者之间的实验操作、教具操作以及对现代化教学设备的操作。总体上看教师的实际动手能力相对于教师的其他能力，在现阶段还是比较欠缺的，应予重视。

9. 创造能力

创造能力是能力结构的核心，也是高层次的能力，或者说是诸能力的综合。教师被誉为"人类灵魂的工程师""手执金钥匙的人"，这意味着教师是打开人的心扉的哲人，是需要创造性工作的智者。因为教育工作本身就不是千篇一律的，教育条件不可能毫无差异地重复出现，也不会有两个完全相同的教育对象。即使对同一个学生在其不同时间、不同年龄、不同心态时也不会有同样的教育操作。教师必须在工作中经常探索新方法，应用新方法，产生新经验，提出新观点。

10. 研究小学数学教学的能力

研究小学数学教学的能力一般是指教师的教育科研能力，包括开展教研活动、制订教育教学计划、选择教育科研课题、查阅资料、总结经验、撰写论文和学术报告等诸方面的能力。

（二）小学数学教师的专业能力

小学数学教师不仅应具备教师的所有职业能力，还应具备小学数学教师与数学专业相匹配的专业能力。

1. 数学语言能力

前面已经提到，语言是教师从事教学活动的重要工具，语言表达能力是教师能力结构的基本点。因为数学学科的特点，数学教师的语言还必须具有准确性、逻辑性、简洁性和符号化等特点。

所谓准确性，就是要求数学教师确切的表述概念、法则等。小学数学中许多概念仅有一字之差，许多命题仅有条件和顺序之别，数学语言就要求准确表述这"一字之差""顺序之别"，不说错，不含糊。

所谓逻辑性，就是要求小学数学教师的言语表述要有理有据、有因有果、有头有尾、有条有理。数学学科的一个重要特点是严密的逻辑性，这是强调数学教学要培养学生逻辑思维能力的重要原因之一。要达到这一目标，数学教师的语言逻辑性就是最基本的要求。

所谓的简洁性，就是要求数学教师的语言要简洁明了、干净利索。数学语言不像文学语言，不需要写意抒情，更不需要堆砌辞藻。数学教师的语言重在突出重点、分析难点、抓住关键、启发学生等表述上，这样才能真正做到"精讲"，才能留给学生更多的时间。

所谓符号化，是指数学教材及数学教师板书时书面语言。小学数学教材中，一开始认识的就是数字符号、运算符号、关系符号、括号等，随着年级的提高，这种符号化的程度也不断地提高。因此，可以说数学是一门符号化的科学。数学教师在课堂上要讲清每个符号的意义，板书时要注意符号书写的规范、解题格式的规范及符号表述的规范，为学生作业符号化书写提供示范。正确使用符号化语言，能使数学语言更具简洁性、更具条理性。

2. 逻辑思维能力

数学教学的一个重要功能是培养学生的思维能力，而培养学生逻辑思维能力的功能更为突出。所以，小学数学教师应具有灵活多样的思维能力，而以逻辑思维能力最为重要。小学数学教师的逻辑思维能力主要包括：

（1）比较能力。比较是确定被比较事物之间的共同点和不同点的思维方法。在小学数学教学中，有许多相关的概念、相近的计算、容易混淆的题型等，都需要教师充分发挥比较的能力，引导学生找出他们之间的联系和区别，以形成清晰、准确的数学知识。

（2）分析与综合能力。分析是把事物的整体分解成各个部分或从整体中区分出个别特性、个别方面的思维方法。综合是把事物的各个部分或不同特性、不同方面联合成一个整体的思维方法。显然，分析与综合是同一思维中的两个基本环节，它们总是相互协同进行的。在小学数学教学过程中，总是要求教师对某一知识点先是从某些方面、某些特性、某些个例进行分析，然后再综合成对某个知识点的整体认识。分析与综合是使学生理解和掌握数学概念、性质等知识的基本思维方法，也是数学教师进行相关教学的基本思维能力。

（3）抽象与概括能力。抽象就是抽出事物的本质属性，而舍弃其他非本质属性的思维方法。概括是把一些事物的相同特征和属性归结在一起的思维方法。数学教学中的抽象与概括是紧密相连的。数学的概念、性质、法则、公式的获得，都是让学生通过直观教学或实际操作获得大量的感性材料，对所学内容有了一定的感性认识，再将这些感性材料进行整理，舍弃其本质的东西，找出本质的共同特征或属性，逐步抽象、概括的。

（4）判断能力。判断是肯定或否定某事物具有某种属性的思维形式。小学数学中的判断一般常用"是""不是"，"能""不能"，"有""没有"等关联词表示，或用"="">""<"等符号表示。数学判断的基础是数学知识本身，教师的判断能力是教师对数学知识认识程度及对数学知识之间联

系的掌握程度的反映。能否做出正确的判断，能否正确使用判断，直接关系到教师语言表达能力，也关系到对学生知识的传递。

（5）推理能力。推理是在已知判断的基础上做出新判断的思维形式。已知的判断叫作前提，做出的新判断叫作结论。常见的推理有归纳推理和演绎推理两类。归纳推理是从特殊事例到一般原理的推理；演绎推理是从一般原理到特殊事例的推理。显然，这是两类方向恰好相反的推理方法，然而它们相辅相成、相互补充。小学数学教学中教师一般采用归纳推理引导学生获取新知识，而采用演绎推理指导学生解决具体问题。

3. 空间想象能力

空间想象能力的基础是空间观念。空间观念是指物体的形状、大小以及相互位置关系留在人们头脑中的表象。小学数学教学中，培养学生的空间观念是在"图形与几何"这个领域中进行的。小学数学教师的空间想象能力主要表现在看图能力和画图能力两个方面：

（1）看图能力。指的是由图而产生的想象能力，其中包括：看实物图片，能想象出相应的几何图形；看几何图形，能想象出相应的实物的形状及相关位置，并能做出相应的描述；从不同的方向看空间几何图形，想象出对应的平面几何图形。

（2）画图能力。指的是图形之间的变换能力，它以看图能力为基础。它的基本要求是：能熟练地描画小学数学教材中涉及的所有基本的几何图形；能从不同的视角画出简单实物图形对应的几何图形；能从不同的视角画出空间几何图形对应的平面几何图形。

4. 小学数学教学设计能力

教师的职业特点决定了教师的最高能力是教学能力，而教学能力的重要组成部分是教学设计能力，是教师课前处理各种准备工作能力的统称，通常称之为备课能力。

备课是教师的一项重要基本功，而且是一项精益求精、没有止境的工作。因为教材内容在更新，学生情况在变化，教学方法也需要不断改进，所以备课不能一成不变，也要不断地创新和设计。称备课为教学设计，目的是凸显备课的创新、设计功能，而并非简单的"课前准备"。

教师的教学设计能力，体现在课前教师充分发挥自己的能动性和创造性，对教材做出合理的加工和灵活的处理，然后，充分利用教师的才智、教学理论素质和教学艺术，巧妙构思和精心设计教学环节及其细节。显然，教师的教学设计能力要求教师的素质和能力高度统一，是一项综合能力。

5. 板书的能力

数学课的板书，主要反映数学的材料、数学的命题，以及数学符号变换的过程和方法，以帮助学生学习和掌握数学教学的内容，引导和调节问题解决的思路，指导和培养学习数学的方法。数学课的板书要力求做到：精确、科学、优美——设计独到，富有创造性；言简意赅，富有启发性；条理清楚，富有系统性；重点突出，富有鲜明性；灵活多样，富有趣味性；有的放矢，富有针对性。有效的板书，能促使学生的发展，提高学生的兴趣，以及培养学生书写艺术的审美能力和创造能力。数学课板书的格式主要有以下几种：

（1）网络式板书。揭示数学知识之间的总分关系，或层级关系时，可以使用线性图，揭示构成知识的要素，以及各个要素之间的关系。网络式的板书有助于学生把握知识的类别及其关系。

（2）图表式板书。借助形象的图表、图解，列出知识要点，指点解题迷津的板书。

（3）比校式板书。当知识之间存在某些相似时，可以运用类比和对比的方式，揭示知识之间的联系和区别。如，学习比的知识时，需要将比与分数和除法做比较，以弄清它们之间的关系。

（4）纲目式板书。当需要揭示数学命题的要点时，可以通过摘录要点的方式，理清知识的纲目。例如，学习分数乘以整数时，可以通过纲目式板书，揭示它的意义、法则和应用等有关知识的要点。

6. 操作能力

小学数学教师的操作能力除传统的画图、制作和使用教具、指导学生使用学具等能力外，还应包括制作和使用教学课件、现代化教学设备的操作能力等。课堂上结合教学内容，适当的选用这些辅助手段，对提高小学生的学习兴趣，提高课堂教学效率和质量是十分有意义的。

7. 课程开发能力

如果把课程限定为"孩子的活动经验及其结果的总体"，那么教师的教育实践本身就是一种课程开发过程，教师无时无刻不在进行课程开发。事实上教师与课程是在相互作用中教育学生的。教师参与课程开发的目的是使学校课程更加适合学生的需要，促进学生最大程度发展，但就教师本身而言是确立教师即研究者的信念，在课程开发的实践过程中促进自身的专业发展。

课程开发能力的内容一般可以表达为以下几点：

第一，将约束在单个学科中的教师的专业特性扩大到学校教育的整体。

第二，将与课程有关的决策重点从原先的"上意下达"的方式转变为教师之间的"讨论"方式。

第三，通过对决策过程的记录和检查，将结果再次反映到决策上，进而开发更合理的课程系统。

8.教学实施能力

教学设计为教学活动做好课前的一切准备，而把教学计划转化为教学活动的能力，就是教师的教学实施能力。它是教师教学能力最关键的组成部分，也是实施课程标准、实现教学目标的最直接的能力。

课堂教学是整个教学工作的中心环节，也是小学数学教学的基本形式。教案已为课堂教学的整个过程做出了精心的构思和设计，能否将这种构思和设计付诸实践，还需要教师多项能力的综合。需要基本的能力有：数学语言表达能力、记忆能力、应变能力、操作能力和说课能力。

此外，教师实施教学的能力还体现在教态和仪表上，一个教师的仪表和教态也能从一个侧面反映出教师组织实施课堂教学的能力。所以教师课堂上要注意自己的仪表、教态符合端庄得体、自信、自然、动静相济、和谐文雅的要求。

第二节　小学数学教师的课前准备工作

上课前，教师必须制订详细的计划，要对教学内容进行认真研究，深入了解学生情况，实施有效的教学。

一、小学数学课堂教学设计的制订

教学工作是一项极其复杂而又细致的工作，要在有限的时间内完成一定的教学任务，教师就必须在每个阶段、每个教学环节加强计划性，进行精心的安排和周密的组织，保证教学质量。教学工作计划的制订就是这种教学组织工作的第一步，它是教师在深入钻研教材，全面了解学生的基础上，经过周密策划而设计的关于教学活动的具体实施方案,是教师进行教学的依据。因此,每位教师都应该认真负责地制订好教学计划。

教学计划分为学期(年)教学计划、单元教学计划和课时教学计划(教案)三种。

(一)学期(年)教学计划

学期教学计划是全学期教学工作的总体规划,一般应在学期开始前制订好。有了周密的学期教学计划,就可以纵观全局,保证教学工作有条不紊地进行。

学期教学计划一般包括以下内容:

第一,本学期教学目的和要求。

第二,学生情况的简要分析。包括班级、人数、上学期期末考试试卷分析、不同程度的学生掌握知识的情况、学风情况及作业情况等。

第三,教材的简要分析。本学期所要教学的教材内容有哪些?教材的编写意图是什么?其地位和作用如何?教材的重点、难点是什么?教材各单元之间有何联系等。

第四,提高教学质量的主要措施。包括钻研教材,认真备课、上课,批改作业,改进教学方法,加强辅导,考查学业成绩,发展兴趣爱好等方面。

第五,学期教学进度表。包括学期授课时数,各单元(或小节)的课时分配,复习和测验时间的安排等。

此外,在制订学期教学计划时,还要了解学校工作的具体安排,如全学期实际上课的周数、期中(末)考试进行的日期、重大的节假日和活动等。把这些因素事先考虑进去,使学期教学计划更切合实际。

(二)单元教学计划

在拟订学期教学计划的基础上,经过对一章(大单元)、一节(小单元)或一组课文的详细分析,并对教学过程进行周密的思考,制订出单元教学计划。

单元教学计划一般包括以下内容:

第一,明确单元的教学目的和要求。

第二,分析教材的重点、难点、关键点及注意点。

第三,拟定完成教学任务所采用的教法和学法,教具的准备及教学手段的使用。

第四，划分课时。确定每个课时的教学内容、目的和要求，配备的例题和习题。

上述教学计划制订完备后，要送交教务处或教研组审查，之后才能执行。在执行过程中需要对计划做必要的调整时，应向学校或教研组汇报，教师个人不得擅自变更教学计划。

（三）课时教学计划（教案）

课时教学计划是教师按照预定的教学目的、计划，经过充分准备和周密考虑所写出来的关于课堂教学的具体方案。课时教学计划是进行课堂教学的依据，也是检查教学任务有没有完成和是否达到要求的主要依据，在总结教学经验时又是宝贵的资料。只有在上课之前认真准备，拟订好实施教学的课时计划，才能保证在上课时达到教学的各项目标，提高课堂教学的效果。因此教师应该坚持编写教案、写好教案。

教案有以下三种类型：一是简单的、提纲式的教案，二是详细全面的教案，三是介于二者之间的教案。教案的形式应是不拘一格的，根据自己教学的需要，可以是详案，也可以是简案。对于新教师最好写一份详案，有经验的老教师可以写得简略些。此外，教案应提前几天写好，这样可以有修改和补充的余地。

教案一般包括以下内容：①班级、学科名称和授课时间；②课题名称或教学内容；③教学目标；④教学重点、难点、关键点；⑤课型与课时；⑥教学方法；⑦教具、学具及教学辅助媒体的准备；⑧教学过程及时间分配；⑨板书设计；⑩教后反思。

由于每堂课的具体任务不同、课型不一，教学过程会有所区别。因此，编写出来的教案也有所区别。例如，新授课教案的教学过程一般包括以下几个环节：复习提问、引入新课、讲解新课、巩固小结、布置作业。练习课教案的教学过程一般包括以下几个环节：复习、典型例题示范、课堂练习、教师小结、布置课外作业。复习课教案的教学过程一般包括以下几个环节：组织教学；提出要复习的内容或提纲；按教师预先拟定好的一系列问题，让学生依次回答或练习；总结知识技能，解题规律；布置作业。关于教案的具体格式，各地要求不尽相同，建议读者可借阅优秀教师的教案，以供学习时参考。

二、备课的基本要求

备课是教师进行课堂教学前各项准备工作的总称。备好课是提高课堂教学质量的根本保证。

备课可以从以下三个方面入手：

（一）备课标准和教材

领会课程标准的基本精神，明确教学的指导思想，把握每个年级数学教学的具体要求，掌握教学方法，是钻研课程标准的主要目的。教师必须纠正只看教材不钻研课程标准的倾向。其中，备教材重点要备以下六个方面：

1. 备教材的内在结构

广义的教材是指教学活动的材料，是具有特定结构，供教师和学生阅读、视听或借以操作的材料，是帮助教师和学生认识世界、获得发展的材料。狭义的教材仅指教科书。此处指的是狭义的教材。各种版本的教材都有各自的特点，但都是按照《全日制义务教育数学课程标准（修订稿）》的要求来编纂的。教材中的结构包括两部分内容：知识结构，即教材中知识的结构和层次；教学结构，即教材中教学的结构和层次。教师在教学活动中对教材的使用应该是有选择的，同时要根据学生的情况进行一定的补充。

2. 备教材的重点和难点

所谓重点，是指贯穿全局、带动全部、承上启下、在教材体系中处于重要地位的内容。通常，教材中的定义、定理、公式、法则、数学思想方法等都是教学重点。教师要反复研究教材中的每道例题及其说明，挖掘教材中的智力因素，确定教材的广度、深度、重点和难点，讲解时突出重点，练习时围绕重点。

所谓难点，是指学生学习起来比较困难的知识或技能。要突破教材的难点，教师可以采用做准备、减缓坡度、利用直观等措施。

3. 备练习题

首先，教师要把教材中的全部题目从头至尾做一遍，从中分析各类题目的编制意图，分清哪些是与新课相仿的基本题，哪些是加深理解的变式题，哪些是概括提高的综合题，或是智力训练的思考题；其次，教师要根据题目的难易程度，将它们适当地分配在几节课内，必要时可根据情况自编一些题目予以补充。

4. 备教材怎样体现课程目标

教师分析教材怎样体现课程目标主要是分析学生经历哪些数学活动，获得怎样的经验，重点发展的是学生的数感、符号意识、空间观念、统计观念、应用意识还是推理能力。总之，教师一定要弄明白教学内容与课程目标之间的关系。

5. 备教材中的数学思想方法

教师分析教材的主要任务之一是明确其中渗透了哪些数学思想方法，并将之进行深化。

6. 备教材中的德育美育等教育因素

数学教育也是教育，其根本目的是使人得到全面发展，而道德发展是人的发展的重要方面。因此，立足于社会实践的数学课堂一定也是一个道德课堂。教师在备课时要注意利用哪些教学内容可以对学生进行有机的爱祖国、爱社会主义的思想教育，进行辩证唯物主义的启蒙教育，可以有意识地培养学生良好的学习习惯和态度。

（二）备学生

备学生重点要备以下两个方面：

1. 分析学生的知识基础

首先，教师要弄清旧知识中哪些是学习新知识的支撑点，在作为支撑点的基础知识中，哪些知识学生已基本掌握，哪些知识学生还没有掌握，各部分所占的比例各是多少，要分析学生不能掌握的原因；其次，教师要考虑新概念的引入会使学生造成原有认知结构的哪些不平衡，教学中应采取什么方法使之平衡。

2. 了解学生的非智力因素

教师在备课时要充分考虑学生学习该部分内容的兴趣、动机、态度及平时的学习习惯。如果班上学生对数学缺乏兴趣，教师要更多地采用生动活泼的教学方法，设疑激疑，培养学生的学习兴趣；如果学生在完成作业时马虎，潦草，教师就要在每个教学环节中提出恰当而又严格的要求，要求学生书写工整，计算正确，做完题后必须检查。

（三）备教学方法

备教学方法就是在钻研课程标准、教材和全面了解学生情况的基础上，研究选用什么教学方法使教材中的知识内容转化成学生内在的认知结构，即要选择能达到教学目的、最恰当有效的教学方法。

备教学方法是一件复杂而又细致的工作。例如，教师要考虑学生在学习新知识前应有什么样的知识储备，需要创设什么情境来促进其知识的迁移；怎样发挥全体学生的主体作用；怎样联系实际引入新课；怎样运用教具或学具；如何突出重点、分散难点；如何设问引导学生自己发现规律；怎样组织练习，要进行几次反馈等。

综上所述，备课时要做好三项工作：钻研课程标准和教材、了解学生及考虑教法。教师只有综合考虑以上三个方面的因素，才能写出指导自己教学切实可行的教案，达到备课的真正目的。

三、说课

所谓说课，就是教师面对同行、专家，用口头语言系统而概括地述说自己对具体课程的理解，阐述自己的教学观点，表述自己具体执教某课程的教学设想、方法、策略以及组织教学的理论依据等。

说课是考查和展示教师设计课时能力的一种形式。说课虽然不能直接展现教师的课堂教学能力，但它能间接地反映教师对于课堂教学的构思、设计以及展开课堂教学的能力。说课也是一种考核教师的方法。因此，说课越来越多地被用人单位在招聘教师时采用。所以，对于应聘上岗的师范毕业生来说，具备说课的知识和能力，是十分必要的。

（一）说课的内容

1. 说教材

重点说明本课题内容在整个教材体系或本单元教材中的地位和作用；教材的编排意图和特点；本课题涉及的主要知识点及其与前后的联系；与教学内容有关图片、资料等的处理要点；确定课题重点、难点及理由；处理教材的打算和进行修改、增减的理由。

2. 说目标

说确定的目标。根据教学目标分类，明确说出各知识点的具体要求。课堂教学中所有举例说明，都必须体现目标的知识点、情感教育点、能力训练点。

3. 说学情

说学生的种种情况。说明学生的基础，包括学生的学习态度、学习兴趣、多数学生的学习习惯甚至学习方法，由此说明对重点难点知识采取的教学起点。

4. 说学法

根据教学的重点难点，分析学生学习过程中可能遇到的障碍及其原因，怎样针对这些障碍加强对学生的指导。指出重点突破口，难点理解点，学习之关键。

5. 说教法

说明教学的具体策略，采取何种教学方法。在战术上介绍导入新课、难点突破设计、课堂提问设计、例题设计、课后小结和作业设计的目的、内容。说明不同层次学生如何实行分层教学，每节课每个学生都应达到的目标。

6. 说教学程序

说清教学过程所设计的基本环节，不仅要讲教学内容的安排，还要讲清"为什么这样教"的理论依据，但不能像给学生上课那样详细讲解。说明教材展开的逻辑顺序、主要环节、过渡衔接及时间安排；说明如何针对课型特点及教学法要求，在不同教学阶段，师与生、教与学、讲与练是怎样协调统一；说出选择什么样的教学方法来突破教学的重难点，如何引导学生学习。要对教学过程做出动态性预测，需考虑到可能发生的变化及其调整对策。

以上是常见的说课内容。显然，说课的重要内容就是教案设计时所涉及的主要内容。与课堂教学不同的是，说课是执教者要把课堂教学的意图以口头语言的形式讲给专家和老师们听（用于汇报和交流）。课堂教学讲究的是教学效率、效果，因此要求执教者考虑和处理问题更加精细，要把触角触及细枝末节。而说课则讲究的是意图的陈述，所以要求教师表述时语言清晰、简洁，条理清楚，重点突出，切忌过于赘述教学过程，以免将"说课"变为"上课"。

（二）说课的技巧

1. 自信、从容

说课时要精神饱满，要使听课者首先从表象上感受到说课者对说好课的自信和能力。

2. 说课者要讲究说课的风度

例如，整洁的仪表，自然的教态，轻松自如的谈吐，并能恰到好处地使用目光、表情、手势、体位之类的体态语言。

3. 突出"说"字

说课时，要抓住一节课的基本环节去说，说思路、说方法、说过程、说内容、说学生；说清自己的教学设计思路，有重点，有层次，有理有据。

4. 表述要流畅，过渡要自然

要用普通话，说课的语言要简明扼要，清晰生动，说课的语气应当抑扬顿挫，富有激情。

5. 控制好说课的节奏

在说课过程中，尽量做到按计划时间说课，语速要前后一致，说课过程节奏统一、和谐、不紧张、不慌乱，有条不紊地完成说课的全部内容。

6. 利用辅助工具

可以利用实物、投影、音像等教学媒体辅助说课。

总之，好的说课给人的感觉应该是说者有较新的教育观念，能很好地处理教材，准确地把握重点难点；能灵活运用教育学、心理学的一般原理，采用的教学策略符合学生认知规律和学科教学特点；说课的逻辑性强，条理清晰，层次分明，语言准确、形象、生动，富有启发性和感染力；还能够体现说者较强的取舍、处理、组织能力，知识面广，对所述问题有独特的见解等。

整个教学活动中充分体现以下特点：以学生发展为本，以学生为主体，以进行思维训练为主线的思想；充分关注学生的自主探究与合作交流；练习体现了层次性，知识技能得以落实与发展。

四、试讲

为了完善并严格实施教师职业准入制度，全面提升教师队伍整体素质，提高教育质量，国家教育部要求所有申请幼儿园、小学、初级中学、高级中学、中等职业学校教师资格和中等职业学校实习指导教师资格的人员须参加中小学和幼儿园教师资格考试。

教师资格考试包括笔试和面试。面试中有一个重要的环节就是试讲，主要考查教师的综合能力。

（一）试讲的含义

试讲又叫模拟课堂教学，是指在有限的时间内，教师通过口语、形体语言和各种教学技能与组织形式的展示而进行的一种教学形式。

试讲不仅能够考查教师的备课能力，同时也可以直接反映教师是否具有开展课堂教学的能力，即课堂组织、语言表达、教态展示、知识归纳、方法使用、师生互动等。

（二）试讲的内容

根据时间长短的不同，试讲的内容可以分为两种：一种是试讲一节课的内容，另一种是试讲一个片段的内容。

一节课的内容包括：导入—讲解—板书—评价—总结。

一个片段的内容是指截取某节课中一个相对独立的部分。在教学设计时，要注意导入语设计、问答设计、活动设计、板书设计等。

（三）试讲的要求

第一，试讲要声音洪亮，抑扬顿挫，语速适宜，清晰流畅。

第二，教态自然大方，有亲和力，试讲中注意把握好一些动作、手势、表情等体态语言使用。

第三，知识讲授准确，语言表达条理清晰。

第四，分配好各个教学步骤的时间，主次分明，详略得当，节奏感强。

第五，板书工整规范，布局合理，注意粉笔使用、规范的尺规作图等。

第六，试讲时没有学生参与，但是同样可以通过教师的模拟对话或者讲解呈现。没有真正的学生，教者必须虚拟教学情景，把真实课堂的情况尽量都模拟出来，给人置身其境的感觉。

五、教学反思

教学反思是针对某一课或某一阶段的教学进行诊断，不断调节和校正的过程。教师在上完一堂课或一个阶段的课之后，对自己上过的课进行回顾与评价，仔细分析自己上课的得失成败，分析自己的教学是否适合学生的实际水平，是否能有效地促进学生的发展，在哪些方面有待改进，再寻求解决问题的对策，使之达到最佳效果。因此，教学反思是教学计划的延续。

教学反思是教师不断更新教育观念和教学方法，掌握新的教学技术，提高自己教学水平的一个重要途径。教师不仅要重视基础理论的学习，更要特别重视掌握"诊断性"研究方法，重视发现问题、解决问题和教学实践能力的发展，突出对课堂教学和实际情境与自身教学经验的分析与反思。有两个美国科学家做过一个有趣的实验。他们在两个玻璃瓶里各装进五只苍蝇和五只蜜蜂。然后将玻璃瓶的底部对着有亮光的一方,将开口朝向暗的一方,过了几个小时之后,科学家发现,五只苍蝇全都在玻璃瓶后端找到了出路,飞了出来,而那五只蜜蜂则全部撞死了。蜜蜂为什么找不到出口?经观察发现它们一味地朝光源飞,被撞后不吸取教训。而苍蝇为什么找到了出口呢?它们在被撞后知道回头,知道另外想办法,甚至不惜向后看。虽然教师不注重反思不至于像蜜蜂那样有生命危险,但不善于反思将扼制他的创造力,阻碍了教师的可持续发展。因此,教学反思对新教师来说是非常重要的。

第三节 小学数学教育评价

一、数学教育评价理念

数学教育评价的目的是促进学生在数学方面的发展,这个发展既包括数学认知的发展,也包括数学情感的发展。基于发展的数学教育评价的内容要体现数学认知领域和数学情感领域的结合。学生的数学认知领域和数学情感领域是数学学习的重要变量,也是学生数学学习重要的结果和催化剂。数学教育评价必须创造条件以激发学生的学习兴趣,增强其自我意识,将他们置于自我约束、自我调节和自我评价的位置上。数学教育评价应充分体现关注学生在数学活动中表现出来的情感与态度,帮助学生认识自我、建立信心的评价理念。在对数学教育教学进行评价时,不仅要关注学生获得的数学知识和数学能力,而且要关注学生在学习过程中的情感投入——从一定意义上讲,良好的情感态度比一些僵硬呆板的数学知识更有价值。让学生在数学思考中感受数学学习的乐趣,以积极的数学情感体验促进学生进一步对数学的思考。学生数学学习的主动性、创造性和积极性是学生数学学习评价的关键点,数学活动过程中学生的良好表现也体现于此,这样不仅可以加强学生对数学知识的理解、促进学生数学智力的发展、培养学生解决问题的能力,而且可以激发学生主动学习数学的潜能、发展学生的数学思维、涵养学生的数学智慧,有利于学生数学素质的全面发展。

(一)形成数学情感

古人云:知之者不如好之者,好知者不如乐之者。兴趣对学习有着神奇的内驱动作用，它能使学生的数学学习变无效为有效，化低效为高效。心理学研究表明，兴趣是一个人对一定事物所持的积极态度，是一个人优先对一定事物产生注意的倾向，数学兴趣可保持数学学习者对数学的主动探求和持续关注。一个对数学有浓厚兴趣的人，会经常在数学活动中体验到一种积极的情感；相反，一个对数学没有兴趣的人，则会经常体验到一种消极的情感。在数学教育教学中对学生数学兴趣的培养是学生学习自觉性和积极性的核心因素，是数学学习的催化剂。数学教育教学不仅是传播知识，而且更应贯穿情感的交流。由于数学有自己系统的符号语言，因此数学教育教学过程可以认为是一个信息传递过程。在这个信息传递过程中，从感知数学事物到判断、推理等思维过程，都需要很强的意志努力，这个意志努力属于数学情感范畴，数学认知结构的形成与完善，更需要良好的数学观与数学美的情感体验。

情感教育是教育过程的一部分，它关注的是学生对学习的态度、信念以及情绪，是教育者依据一定的教育教学要求，通过相应的教育教学活动，促使学生的情感向积极、健康的方向发展的过程。在数学教育中培养学生对数学积极情感的任务，就是促使学生对数学的情感由消极变积极，由不健康变健康，从而促进学生个体全面和谐地发展。数学情感的形成与一个人的价值观念和社会文化传统密切相关，有许多不易改变的因素。有研究表明，个体、群体在数学情感上的差异性是数学教育差异性的重要原因之一；反过来，数学教育的教学过程和性质则更直接、更强烈地影响着数学情感的形成。

数学教育的结果和产物导致数学情感的形成，这种数学情感有利于数学学习，直接与数学教育相关。心理学研究表明，情感具有感染性和迁移的功能，具有扩散和泛化的规律。数学教师对学生的数学情感有着极其重要的影响。作为数学知识的传递者和诠释者，学生对数学教师的亲近在某种程度上可视为对数学的喜爱，对他的情感态度是学生数学情感的一种体现。一个真正喜欢数学的人面对历史上伟大的数学家也会产生亲近感，他们可能暂时不能真正了解其全部成就的意义，但这并不妨碍他对这些数学大师的赞美之情，如欧几里得、笛卡儿、牛顿、高斯、欧拉等伟大的数学家，对人类社会和数学的发展做出了巨大的贡献，这样一种数学情感可以激励学生的数学学习兴趣。但如果学生对这些数学大师的成就无动于衷，觉得他们遥远、陌生，他们的成就与己无关，那么可以看出学生对数学并不是真正热爱，数学大师的伟大成就并没有在他们身上引起情感共鸣。其实，数学史的教育功能很大一部分就在于让学生感受、体验崇高而深刻的数学情感。

（二）培育数学能力

传统的数学教学评价内容关注的主要是学生的数学知识、数学技能与数学能力等知识性目标的达成，而未涉及数学学习的过程性目标。其评价的标准是学生能否建立不同学科知识之间以及数学学科内部之间的联系，能否针对实际问题的特点进行合理选择与运用数学知识、数学技能去解决问题，这是表现在学生对数学知识和数学能力的评价方面的内容。而表现在教师评价方面，则是看教师是否完成预定的数学教学内容，学生理解和掌握数学知识和数学技能是否有了进步，为达到对数学对象本质的把握和数学知识意义的生成，是否能运用它们解决问题和对数学知识结构进行不断的改组、再造，对数学知识信息的横纵联系和思维进行构造。在这一过程中，就会有个人数学知识的生成和涌现；反过来，这些新生成的个人数学知识又会成为数学理解不断深入的阶梯和动力，通过不断趋向数学对象的本质来进一步促进数学理解的深入发展。其实，真正能够衡量学生对数学掌握水平的，并非他们对书本知识的识记和再现，而是他们从书本上的数学知识出发，对其所作的阐释、批判、综合和超越，其中就包括了生发出的各种形态的个人数学知识。

从评价的内容和方式来看，如果用一张数学试卷来评判一个学生的数学学习成果，必定是不全面的。它往往偏重的是对数学知识点的考核，许多数学能力不可能在卷面上得到反映（许多学生为了在卷面上取得一个较高的数学分数，于是十分重视结果性数学知识，而忽略掌握对数学知识的发生发展过程的学习）。在数学教学评价中往往由数学教师根据数学教学大纲、教材以及教师讲授的内容，设计一份试卷，然后根据学生答案的质量确定学生对数学知识的掌握程度，数学教学评价就成了考试评价。评价数学教学质量以学生的数学分数或升学率为标准，评价学生数学素质以考分为标准。

在考试形式上，主要是封闭式的知识类评价，考试的目的是检验学生掌握数学知识的结果，考试手段是以教师考学生为主。这种数学教学的评价成为学生数学能力培养的严重阻力。它没有认识到数学能力是学生个体对数学知识深层次认识的结果，是对自身已有数学知识进行深加工的产物，是对传统意义上知识建构的超越和发展。它不是通过教师自上而下的传授被动获得的，而是通过学生主动建构的方式自下而上自主生成的。它不是一大堆死的、僵化的数学知识的简单叠加，而是真正的我的知识，亦如哲学家怀特海所说的鲜活的知识。

当然，数学能力也是不断变化的，从多年的三大数学能力（运算能力、逻辑思维能力、空间想象能力）发展到现在的空间想象、抽象概括、推理论证、运算求解、数据处理等能力，还有数学的提出、分析和解决问题能力，数学表达和交流能力，独立获得数学知识的能力，是数学教育的进步和发展。抽象概括能力和数据处理能力是我国数学课程标准中新增加的两个基本能力。抽象概括能力体现了数学的特征，数据处理能力体现了统计的特点。数学是建立在概念和符号的基础上的，而统计学是建立在数据的基础上的。数学的推理依赖的是公理和假设，数学的推理过程在本质上是演绎法，统计学的推断依赖的是数据和数据产生的背景，其推理过程本质上是归纳法；数学对结果的判断标准是对错，统计学对结果的判断标准是好坏，因此这两个能力不仅是数学本身、数学学习的需要，也是现代社会对未来公民基本素养的要求。另外，数学交流是指用数学语言来传递信息和情感的过程。交流与表达是密不可分的，在数学交流中可以更好地理解和使用数学语言和符号，促进数学思维的发展，拓展数学知识。数学交流在数学学习和数学活动中也是必不可少的能力。

（三）涵养数学智慧

以人为本要以人的发展为本，发展应该是每个人都有的同等的机会，不是学习同样的东西，应该要有弹性，而现在的一些体制缺乏弹性。数学的思维性较强，每个人都有不同的思维，对同一问题有不同的难点和思维方式，教师的责任是点拨、因材施教。数学教学评价是对数学教学活动的价值判断，是衡量教学活动中学生的发展状况，并旨在改进教学方法、提高教学质量的重要途径。其核心是培养学生的数学思维和数学智慧。数学智慧评价理念打破了以往将评价简单地认为数学思维是一种特殊的思维，是利用数学语言、运用抽象概括等方法，对数学对象的间接概括的反映过程。真正的数学学习活动就在于能把握和领悟数学知识本身的意义，并能把它们转化为自身的能量——智慧。数学学习既是一种认识活动，也是一种实践活动。数学学习就在于将数学知识转换成数学智慧，它是在数学实践活动中，学生通过认识世界和认识自己的交互过程来实现的。

人们所说的数学思维一般而言具有目的性、深刻性、灵活性、广阔性、批判性、敏捷性、主动性、创新性等特征。数学思维的目的性，是指思维的方向总是指向思维任务，紧紧围绕思维目标做出策略决断和选择最佳途径，目的性的反面是思维的盲目性，数学学习中思维的盲目性突出表现在缺乏目标分析和解题策略的研究和设计，不善于观察和思考。当一种尝试受阻时，立刻做第二种尝试，感到第二种尝试复杂，又转到第三种尝试，忽而又回到第二种尝试，呈现出混乱的思维行为；数学思维的深刻性表现在善于抓住主要矛盾的特殊性，善于洞察数学对象的本质属性和内在联系，善于挖掘隐含的条件和发现新的、有价值的因素，能迅速确定解题策略和组合成各种有效的解题方法。思维深刻性的反面是思维的肤浅性，在数学学习中突出表现在走马观花地观察数学对象，迷恋于表面现象，满足于对概念、原理的一知半解，解题过程中的短路思考等；数学思维的灵活性突出表现在善于发现新的条件和新的因素，在思维受阻时能及时改变原定策略，及时修正思考路线，探索出解决问题的有效途径；数学思维的广阔性表现为思路开阔，既能纵观问题的整体，又能兼顾到问题的细节，既能抓住问题的本身，又能兼顾有关的其他问题，善于归纳、总结、分类，形成知识结构层次。数学思维的广阔性是多层次、多角度的立体型思维；思维的批判性也称为思维的独立性，数学思维的批判性表现在能根据实际情况展开创造性的思维，善于发现问题和提出问题，能提出独立见解，不轻信盲从，有检查和评价的意向，能及时纠正错误。批判性的反面是无批判性，指在数学学习中突出表现为对数学问题不善于独立思考和发现提出新的问题，缺乏检验意向，不能及时纠正错误，不善于评价思路和方法。

二、数学教育评价文化

教育评价已从考试文化向评价文化转换，要正确理解评价文化，必须认识到教育评价是教育的一个重要组成部分，其指导思想是为了创造适合于儿童的教育，鼓励思考而不是复述事实；教育评价不是一种精确的科学，学生、成就及评价互动比较复杂；教育评价应有明晰的标准，应鼓励学生监控并反思自己的行为，反馈是教育评价过程的一个关键因素，强调掌握和进步，而不是横向比较；教育评价应让学生的状态表现最佳，尽量减轻学生压力以提高表现；在教育评价中决定的不是正确答案的数量，而是任务完成的整体质量，不是单一的分数，而是对成就的多维度描述；教师对学生的评价是教育评价中的核心成分，课堂评价比大规模测验更重要；要保证评价的教育性，元评价非常必要，教师的评价素养应该是教师专业素养中的重要内容。数学教育作为教育的一个部分，是学生学习数学知识、培养理性智慧的最基本途径，在整个学生个体的教育体系中居于中心地位，发挥着重要作用。对学生的数学学习发展的评价，即以学论教应成为数学教育的核心理念。但传统的对学生学业成就的评价强化了考试对学生的鉴定功能，使学生在被动接受考试中，把自己置于教师的对立面，从而把考试作为一种过关行为。现代教育评价理论的宗旨强调学生的个性发展，当研究学生数学学习时，不仅必须把握数学教师的主导作用，同时必须考虑师生之间、同学之间以及学生与社会之间的交互影响作用。

（一）多元性

在传统的数学教学上，教学教师和学生基本上是评价者和被评价者的关系，特别是学生没有主动参与评价的权利，没有形成主体共同参与交互作用的评价模式，而且对学生的评价往往是只要求学生提供数学问题的答案，对学生是如何获得这些答案的却漠不关心，这样学生获得答案的思考与推理等都被抛弃在评价的视野之外。缺少对数学思维过程的评价，就会导致学生只重结论，忽视过程，就不可能促进学生注重数学知识科学探究的过程，养成科学探究的习惯和严谨的科学态度与精神，不利于良好思维品质的形成，限制了解决问题的灵活性和创造性。

因而数学教学评价主体应从单一性评价向多元化评价转变，由以往评价学生数学学习的主体是教师（或教育者），评价过程是自上而下的教育者来评价其受教育者的单向过程，转向评价主体的多元化，即由教师评价、学生自我评价、学生互评、家长和社会有关人员评价有机结合起来；在评价标准和结果的呈现形式上，应体现开放性和多样性。多元的评价主体参与其中，充分体现出全面、客观评价学生的现代教育评价理念。评价主体还应当参与学校数学教育活动的制定，在尊重被评价对象的前提下，平等合作，相互沟通，改变以往评价者和评价对象之间对立的局面，使得各方面能够加深理解，对评价结论取得共识，以更好地发挥评价的激励和改进功能，最终促进学生的全面发展。

（二）多样性

当我们只是用单一的分数作为评价结果公布，并以此对学生数学学习水平加以区分时，所造成的事实是给学生、家长、教师甚至学校都带来了过大的压力。而沉重的心理压力对学生的健康成长是十分不利的。随着评价主体、评价方式方法、评价标准的多元化发展，评价结果呈现的方式也势必是多样的。要本着尊重每一个学生，为每一个学生全面、健康发展负责的态度，选择评价结果的多样化呈现方式。例如，让学生自己总结学习数学的体会，教师通过点评给予充分的肯定；展示学生的小论文、课题研究报告，可加注评语；考试分数只反馈给学生个人，教师可公布分段统计的结果，使每个学生清楚自己的位置，以便反思并确定自己的努力方向。评价结果的呈现是一个信息反馈和信息交流的过程，是使评价充分发挥其导向、激励与促进等功能的关键环节，在评价的实践中不可忽视。

（三）人文性

通常所说的数学恐怕不仅指数学知识，而尤其说是数学的精神、思想、方法，学生所接受的数学知识，因毕业进入社会后几乎没有什么机会应用这种作为知识的数学，通常是出校门后不到一两年便很快就忘掉了。然而不管他们从事什么业务工作，唯有深深地铭刻于头脑中的数学精神、数学的思维方法、研究方法、推理方法和着眼点等都随时随地发生作用，使他们受益终身。数学的精神、思想和方法对人的发展发挥着重要作用，所以数学教育一定要重视数学思想方法的教学评价，注意评价的人文精神。

三、评价的方法

在新一轮课程改革中，特别是书面考试依然是对学生进行数学学习评价的重要方式，但不是学生数学学习评价的全部。除采用书面考试外，还可以采用课堂观察、数学日记、建立成长记录袋、作业分析、课后访谈、大型作业、开放性任务、表现性评价、分析小论文和活动报告等多种方式进行。每种评价方式都有自己的特点，评价时应结合评价的内容与学生学习的特点加以选择。下面介绍几种：

（一）课堂观察

观察可分为自然观察和实验室观察，课堂观察主要是自然观察，它是实施过程性评价、活动性评价的重要方法，同时也是评价学生情感、态度、价值观的重要方法。

在观察过程中，首先要明确为什么要观察，观察什么，怎样观察，也就是观察的目的、对象和方法。在进行观察时要注意两点：第一，教师应该有计划地进行观察，减少随意性。因为在一节课或一个活动中，老师无法照顾到所有的学生的全程情况，可以有重点地观察几个学生或者整体学生在某个项目上的表现。第二，对观察的对象要作具体的分析、记录，以便有目标、有计划地促进学生发展。

教师通过课堂观察，可以从学生学习数学的认真程度、对基础知识和基本技能的掌握情况、解决问题和合作交流的能力等方面对学生进行考查。课堂观察可采取随时记录一些重要信息的方式，也可以运用课堂观察检核表对学生进行比较系统的观察。当学生在回答问题或进行练习时，通过课堂观察，教师便能及时了解学生学习的情况，从而给予鼓励和强化，或给予指导与纠正。

（二）数学日记

数学日记不仅可用于评价学生对知识的理解，而且可用于评价学生的思维方式。写数学日记提供了一个让学生用数学的语言或自己的语言表达数学思想方法和情感的机会。学生可以像和自己谈心一样写出他们在数学学习过程中的情感、态度、困难、体验、兴趣、爱好、成功、失败，还可以谈谈对教师的要求。刚开始的时候学生会感觉这种形式的写作有些困难，所以教师要加以引导。比如，可以要求学生写一写他们解决某一个问题的过程或记录某一天解决问题的活动，也可以给学生提供一个数学日记的模式。

（三）成长记录袋

所谓成长记录袋，主要是指根据教育教学目标，有意识地将各种有关学生表现的作品及其他证据收集起来，通过合理的分析与解释，反映学生在学习与发展过程中的优势与不足，反映学生在达到目标过程中付出的努力与进步，并通过学生的反思与改进激励学生取得更高的成就。成长记录袋在小学数学应用中具有以下几个共同的特征：第一，成长记录袋内收集的是学生在数学领域的一系列作品，用以展现学生的成就、进步与不足，描述学生学习的过程与方法，反映学生学习的态度、兴趣与情感；第二，作品的收集是有目标的，不是随意的，成长记录袋不是简单的文件夹，其中的材料应根据教学目标或学生的发展目标来确定；第三，成长记录袋应留给学生发表意见与反省的空间；第四，教师要对成长记录袋里的内容进行合理的分析与解释，把成长记录袋应用于教学是为了反映学生在数学领域的学习与发展，因此教师在运用中不能"为了收集而收集"。

创建成长记录袋首先要明确应用成长记录袋的目的与对象，用于展示、描述学习过程的成长记录袋是一种发展性的评价方式，其目的是通过成长记录袋来促进学生在数学领域及其他能力方面的不断进步。

对于成长记录袋的对象，教师可以根据自己的教学风格或特长、班内学生的需求、课程目标的重点与难点等因素来决定成长记录袋的运用对象。

明确了成长记录袋的应用目的与对象后还要确定成长记录袋的主题，教师先必须了解自己的教学目标，以及学生学习与发展的目标，清楚地知道学生是否达到了所期望的水平。义务教育数学课程标准为每一学段的学生的学习、教师的教学设立了明确的目标，教师在教学过程中可以根据新颁布的课程标准中的目标及所用的教材，界定出一个清楚且具体的目标，结合学生学习的现状，确定主题。

成长记录袋应用中的注意事项：第一，明确成长记录袋的应用目的，并使成长记录袋的应用与教学有机结合；第二，在使用过程中既要面向全体，又要照顾个别；第三，成长记录袋的应用要与其他评价方式有机结合。

（四）作业分析

作业是学生巩固知识，掌握技能的一种重要方法；批改作业，是教师检查学生学习情况的重要手段，作业分析是过程评价的重要组成部分。

作业的布置形式可以多样化，可以设置书面作业、口头作业、实践作业、操作作业等多种作业形式，调动学生完成作业的积极性。或者让学生交自己得意的数学作业，就像书法家送交最好的几幅作品就可以看出自己的水平一样。对作业的评价，应由过去只对题目的正确率打一个等级的做法改为评价学生的作业态度、书写质量、正确率多个方面。评价主体也由教师评改为教师评、学生自评、小组互评。在评价时教师要注重评语的真实性、针对性，评价语言要充满爱心，能激励学生进步，帮助学生进取。小组评价要注重引导学生互相发现彼此的作业质量提高之处，进一步树立自信心。

对学生课内和课外作业中的信息反馈进行适当的记录和整理，通过对学生的书写格式、典型错误、典型解法进行分析，从中了解学生数学学习的困难和教学中的成功与不足。

（五）书面考试

书面考试是检查学生学习成绩和教师教学水平的重要手段之一。教师根据考试目的命制试卷，学生做出书面解答。通过考试，教师可以了解学生的基础知识掌握程度、基本技能熟练程度、基本理论理解程度。

书面考试要淡化考试的甄别功能，突出学生的纵向发展。在试卷的命制上及学生的考试中，允许学生出错，为学生留出一定的容错空间。对学习基础差、成绩不稳定的学生，教师可以选择推迟做出判断的方法，给第二次被评价的机会，并给出鼓励性的评语，让学生感受到成功的喜悦，从而激发新的学习动力。书面考试要求考试试题多样化，考试题中不只是常规的学过的巩固性题目，也要增加个别开放性试题，即题目条件开放或结果多样。删除远离学生生活实际的应用题，增加学生生活中感兴趣的数学问题，让学生应用数学思想和数学知识解决现实生活中的问题，培养学生独立思考习惯、勇于创新精神和数学学习的能力。在常规教学中，要让学生做点需要一定时间才能完成的开放式小专题问题，要求学生通过上网、观察、测量等实际性的工作，收集资料，开展研究。

四、评价的原则

根据新一轮课程改革倡导的"立足过程，促进发展"的评价理念，小学数学评价宜采用形成性评价和终结性评价相结合、质性评价和量化评价相结合、自我评价和他人评价相结合的多元化的发展性评价原则，达到促进学生全面发展、促进教师不断提高的目的。

（一）形成性评价和终结性评价相结合

形成性评价是对学生在学习数学知识的过程中表现出的兴趣、态度及各种能力等做出的评价，通常在教学过程中进行。终结性评价则是在学期结束时或某一阶段学习结束时对学生掌握基础知识和基本技能的情况、分析问题和解决问题的能力、综合与实践等学习能力做出的评价。前者看重过程，后者看重结果。

终结性评价只关心学生学会了什么，是面向过去的评价，而形成性评价则关心学生会不会学习、怎样学习，对学生的继续学习具有指导意义，是面向未来的评价。二者相互结合，才能促进学生实现知识与技能，过程与方法以及情感态度与价值观的全面发展。

（二）质性评价和量化评价相结合

量化评价是指把复杂的教育现象简化为数量（如考试成绩），进而从数量的分析与比较中推断某一评价对象的成功。这种评价的优点是逻辑性强，标准化和精确化程度高，结论也较为客观和科学；缺点是无法反映学生的学习历程、情感与态度、价值观等，不能适应新一轮课程改革的需要。

质性评价则是对评价对象作全面、深入、真实的观察，描述评价对象的特点与发展趋势。例如，对学生的学习过程作描述和记录，使学生更清楚地认识自己的优点和缺点，帮助学生克服缺点，树立自信心，也有助于教师反思自己的教学，适时调整和改善教学。因此，质性评价方法对于促进学生发展有着举足轻重的作用。常用的方法有"成长记录袋""学习日记""情景测验"等。

质性评价与量化评价从不同的侧面，用不同的方法对教学活动进行评价，它们是互为补充、互相支持的。

（三）自我评价和他人评价相结合

新一轮课程改革，改变过去由管理者评教师，由教师评学生的单一评价方式，倡导评价主体多元化，强调被评价者作为评价主体中的一员，不仅对教师的评价采取自评与他评相结合，对学生的学习评价同样采取自我评价、学生互评、教师评价、家长评价和社会有关人员评价相结合，通过多渠道的反馈信息促进教师和学生的发展。

五、评价结果的表述

小学数学评价结果的呈现有定性和定量两种方式，定量就是以分数或等级的形式对学生的学习结果给予刻画；定性就是用文字进行描述，往往以评语的形式对学生的数学学习情况给予描述。在第一学段，评价结果应以定性描述的方式呈现，用鼓励性的语言描述学生数学学习的情况；在第二学段，评价结果应采用定性与定量相结合的方式呈现，以定性描述的方式为主，更多地关注学生已经掌握了什么、获得了哪些进步、具备了什么能力，使评价结果有利于树立学生学习数学的信心，提高学生学习数学的兴趣，促进学生的发展。

六、成绩评价的重要参数

对学生的成绩进行评价时，经常会使用以下几个统计参数：

（一）平均分

一个班某一学科的所有成绩的总和除以这班的总人数，得到的结果就是平均分。平均分反映了群体成绩的整体水平，平均分越高，整体水平就越高。但是，平均分不能反映成绩集中程度和学生个体在全班的相对地位。

（二）中位数

对成绩数据从高到低排列好后，中间的那个数就是成绩的中位数。同平均分类似，中位数是一个趋向中间的统计数据。通过将某学生的成绩与中位数比较，可反映出这个学生的成绩是处于中上还是中下。

（三）标准差

离差是某群体中个体成绩偏离平均成绩的数值的绝对值，方差是离差平方和的平均数，标准差是方差的算术平方根。这是用来描述一个班成绩分布集中或分散程度的一个重要参数，标准差越大，说明整体成绩分布越不均匀。

综合分析某次成绩的平均分、中位数、标准差，可以较客观地评价学生个体本次考试在全体学生中的地位。

（四）标准分

标准分是一种以标准差为单位的量数，定义为某次考试的原始分与参加考试全体的平均分之差除以这次考试的标准差所得的商。

在不同时期的考试中，由于考试的内容不同，题目的难度不同，使得学生获得的分数无法进行比较。要评价学生在不同时期的学习情况，使各次考试由不可比较变得可比较，这就需要将百分制分数划归为上述的标准分。对学生学习成绩的评价是一项复杂的工作，要综合借助多项统计评价指标，以获得客观有效的评价。

七、数学教育评价的价值追求

数学教育评价的价值应以促进学生的发展为追求。学生的发展，是指学生在特定的教育背景下，学生个体在思想与品性、知识与文化、智慧与潜能、专业与技能，以及人生观、价值观随着时间的变化而发生不断变化的过程。具体来说，主要指学生个体在学校的教育环境中通过自己的努力获得的身心健康的发育与完善、人格要素的积累与增长、精神生活的快乐与自由、人生经验的丰富与积累、情感体验的积淀与超越、知识技能的和谐与统一，以及在生活实践中的完善和创造，以形成自己明确的人生观、价值观、世界观。

学生的发展具有以下特点：发展是通过教育完成的；发展是动态的变化过程；社会价值标准和经验的积累对个体的发展具有指向性的作用；发展是个体的生长，是对生命价值的体悟和自我的强化；发展是学生个体的变化和后天生活实践相互作用的结果；发展是教育的手段和目的。教育使个体赋有价值，人的价值的增值是人具有创造力的重要依据，正是这种不断增值，才能使学生的心智不断和谐和完善。

教育就是要给学生创设情感体验的情景，促使学生在心灵深处产生积极的情感，使个体获得内心的自由和精神的自由。学生个体发展的动力来源于自身完善的需要。人的需要有生理的需要、安全的需要、相属关系和爱的需要、尊重的需要和自我实现的需要。人的最高追求是自我价值感的建立和价值目标的追求。自20世纪80年代以来，由于科技发展、社会进步，生产的现代化带来了空前繁荣的物质产品，但这种高度物质化的状况却未能带来相应的高度精神财富，反而使不少人的精神空虚，导致人格的分裂和个性的丧失，使人成为片面追求物质生活的人，成为异化的人，从而引发了哲学界、社会学界对于人的主体功能的深入探讨和思索，随后引发了一股在教育理论界重视人、研究人的热潮，并提出了在教育教学中关注学生的发展问题。在这样的背景下，人们对教育教学评价的目的和功能也有了新的认识，从以社会为中心转向以学生为中心，要求教育教学评价必须把学生的发展作为根本目的，并使之贯穿于教学活动的始终。因而，在数学教育教学的评价中，应一切以促进学生的创新思维发展作为数学教育的价值追求。

参考文献

[1] 赵瑾．基于课程标准的小学数学教学设计指南 [M]．长春：吉林人民出版社，2020．

[2] 孙青媚．微课在小学数学创新教学中的应用探究 [M]．长春：吉林人民出版社，2020．

[3] 边淑文．小学数学四步教学法的探索与实践 [M]．济南：山东大学出版社，2020．

[4] 孙国春．小学数学教学设计 [M]．上海：复旦大学出版社，2019．

[5] 曾用强．小学教学设计与实施 [M]．广州：华南理工大学出版社，2019．

[6] 王娟．新课改下小学数学教学新视角 [M]．长春：吉林人民出版社，2019．

[7] 黄平．"三环四步"探究学习理念引导下的小学数学教学 [M]．长春：吉林人民出版社，2019．

[8] 王红平，侯艳春．数学课堂教学新思维 [M]．长春：吉林人民出版社，2019．

[9] 苗沐霖．教师教学技能培养系列教程小学数学 [M]．北京：中国轻工业出版社，2019．

[10] 竺君斐，任宁．小学数学拓展课教学参考资料上 [M]．宁波：宁波出版社，2019．

[11] 陈永畅．数学教育教学实践探索 [M]．长春：吉林大学出版社，2019．

[12] 李运华．小学数学教育的心理学分析 [M]．北京：世界图书出版公司，2019．

[13] 公成敏．教育科学与技术在数学课堂教学优化中的应用研究 [M]．成都：电子科技大学出版社，2019．

[14] 张怀斌．基础教育与教学研究 [M]．西安：陕西师范大学出版总社，2019．

[15] 陈珏玉.协同教学三策[M].桂林：广西师范大学出版社，2019.

[16] 张耀国.教学方法新探[M].西安：陕西师范大学出版总社，2019.

[17] 牟天伟.小学数学广角教学研究[M].北京：北京理工大学出版社，2018.

[18] 史宁中.数学基本思想与教学[M].北京：商务印书馆，2018.

[19] 蔡虹.数学化思想视角下的教学再设计[M].广州：暨南大学出版社，2018.

[20] 陈庆宪.小学数学导学案例思考与评析[M].宁波：宁波出版社，2018.

[21] 张奠宙，巩子坤.小学数学教材中的大道理核心概念的理解与呈现[M].上海：上海教育出版社，2018.

[22] 张奠宙.数学教育纵横[M].南宁：广西教育出版社，2018.

[23] 徐国海.小学数学单元作业管理的实践与研究[M].北京：光明日报出版社，2018.

[24] 翟雪曼，徐世贵.有效教学与名师优化课堂设计[M].天津：天津教育出版社，2018.

[25] 王家正，沈南山.小学数学优秀教学设计[M].合肥：中国科学技术大学出版社，2017.

[26] 刘慧玲，赖南燕.小学数学课程与教学[M].南昌：江西高校出版社，2017.

[27] 李国强.小学数学教学技能实训[M].杭州：浙江大学出版社，2017.

[28] 徐素珍.小学数学教学的实践与探索[M].上海：上海交通大学出版社，2017.

[29] 谢明初，彭上观.数学微格教学教程[M].广州：广东高等教育出版社，2017.

[30] 马作炳，段彦玲.数学教学与模式创新[M].长春：吉林人民出版社，2017.

[31] 吴亚萍.数学教学改革指导纲要[M].福州：福建教育出版社，2017.

[32] 赵红婷.基于核心素养的数学教学[M].南京：江苏凤凰教育出版社，2017.

[33]　张天孝.现代新思维小学数学教育[M].杭州:浙江大学出版社,2017.

[34]　陈霞芬.微课实录丛书小学数学卷[M].宁波:宁波出版社,2017.

[35]　任卫兵.小学数学教学能力提升策略引领学生走向智慧学习[M].长春:东北师范大学出版社,2017.